JEUNESSE

Jules Renard est né en 1864 à Chitry-
les-Mines dans la Nièvre. Après une
enfance triste et solitaire — dont le
souvenir lui inspirera plus tard *Poil de
Carotte* —, il vint à Paris en 1881,
entra à l'École Normale supérieure,
mais abandonna ses études pour
écrire des vers. Ses débuts furent
difficiles. Puis il devint actionnaire du
Mercure de France dans lequel il
publia régulièrement en tant que
critique littéraire et auteur. Fréquen-
tant les théâtres, les banquets litté-
raires, il finit par se faire un nom dans
le Tout-Paris. Élu à l'Académie Gon-
court en 1907, il mourut prématuré-
ment en 1910, laissant son *Journal*
qu'il tenait depuis 1887.

HISTOIRES NATURELLES

JULES RENARD

HISTOIRES
NATURELLES

Illustrations
d'Isabelle Bardet

HACHETTE Jeunesse

Le Chasseur d'images

Il saute du lit de bon matin, et ne part que si son esprit est net, son cœur pur, son corps léger comme un vêtement d'été. Il n'emporte point de provisions. Il boira l'air frais en route et reniflera les odeurs salubres. Il laisse ses armes à la maison et se contente d'ouvrir les yeux. Les yeux servent de filets où les images s'emprisonnent d'elles-mêmes.

La première qu'il fait captive est celle du chemin qui montre ses os, cailloux polis, et ses ornières, veines crevées, entre deux haies riches de prunelles et de mûres.

Il prend ensuite l'image de la rivière. Elle blanchit aux coudes et dort sous la caresse des saules. Elle miroite quand un poisson tourne le ventre, comme si on jetait une pièce d'argent, et, dès que tombe une pluie fine, la rivière a la chair de poule.

Il lève l'image des blés mobiles, des luzernes appétissantes et des prairies ourlées de ruisseaux. Il saisit au passage le vol d'une alouette ou d'un chardonneret.

Puis il entre au bois. Il ne se savait pas doué de sens si délicats. Vite imprégné de parfums, il ne perd aucune sourde rumeur, et, pour qu'il communique avec les arbres, ses nerfs se lient aux nervures des feuilles.

Bientôt, vibrant jusqu'au malaise, il perçoit trop, il fermente, il a peur, quitte le bois et suit de loin les paysans mouleurs regagnant le village.

Dehors, il fixe un moment, au point que son œil éclate, le soleil qui se couche et dévêt sur l'horizon ses lumineux habits, ses nuages répandus pêle-mêle.

Enfin, rentré chez lui, la tête pleine, il éteint sa lampe et longuement, avant de s'endormir, il se plaît à compter ses images.

Dociles, elles renaissent au gré du souvenir. Chacune d'elles en éveille une autre, et sans cesse leur troupe phosphorescente s'accroît de nouvelles venues, comme des perdrix poursuivies et divisées tout le jour chantent le soir, à l'abri du danger, et se rappellent aux creux des sillons.

La Poule

Pattes jointes, elle saute du poulailler, dès qu'on lui ouvre la porte.

C'est une poule commune, modestement parée et qui ne pond jamais d'œufs d'or.

Éblouie de lumière, elle fait quelques pas, indécise, dans la cour.

Elle voit d'abord le tas de cendres où, chaque matin, elle a coutume de s'ébattre.

Elle s'y roule, s'y trempe, et, d'une vive agitation d'ailes, les plumes gonflées, elle secoue ses puces de la nuit.

Puis elle va boire au plat creux que la dernière averse a rempli.

Elle ne boit que de l'eau.

Elle boit par petits coups et dresse le col, en équilibre sur le bord du plat.

Ensuite elle cherche sa nourriture éparse.

Les fines herbes sont à elle, et les insectes et les graines perdues.

Elle pique, elle pique, infatigable.

De temps en temps, elle s'arrête.

Droite sous son bonnet phrygien, l'œil vif, le jabot avantageux, elle écoute de l'une et de l'autre oreille.

Et, sûre qu'il n'y a rien de neuf, elle se remet en quête.

Elle lève haut ses pattes raides, comme ceux qui ont la goutte. Elle écarte les doigts et les pose avec précaution, sans bruit.

On dirait qu'elle marche pieds nus.

Coqs

I

Il n'a jamais chanté. Il n'a pas couché une nuit dans un poulailler, connu une seule poule.

Il est en bois, avec une patte en fer au milieu du ventre, et il vit, depuis des années, sur une vieille église comme on n'ose plus en bâtir. Elle ressemble à une grange et le faîte de ses tuiles s'aligne aussi droit que le dos d'un bœuf.

Or, voici que des maçons paraissent à l'autre bout de l'église.

Le coq de bois les regarde, quand un brusque coup de vent le force à tourner le dos.

Et, chaque fois qu'il se retourne, de nouvelles pierres lui bouchent un peu plus de son horizon.

Bientôt, d'une saccade, levant la tête, il aperçoit, à la pointe du clocher qu'on vient de finir, un jeune coq qui n'était pas là ce matin. Cet étranger porte haut sa queue, ouvre le bec comme ceux qui chantent, et l'aile sur la hanche, tout battant neuf, il éclate en plein soleil.

D'abord les deux coqs luttent de mobilité. Mais le vieux coq de bois s'épuise vite et se rend. Sous son unique pied, la poutre menace ruine. Il penche, raidi, près de tomber. Il grince et s'arrête.

Et voilà les charpentiers.

Ils abattent ce coin vermoulu de l'église, descendent le coq et le promènent par le village. Chacun peut le toucher, moyennant cadeau.

Ceux-ci donnent un œuf, ceux-là un sou, et Mme Loriot une pièce d'argent.

Les charpentiers boivent de bons coups, et, après s'être disputé le coq, ils décident de le brûler.

Lui ayant fait un nid de paille et de fagot, ils mettent le feu.

Le coq de bois pétille clair et sa flamme monte au ciel qu'il a bien gagné.

II

Chaque matin, au saut du perchoir, le coq regarde si l'autre est toujours là, — et l'autre y est toujours.

Le coq peut se vanter d'avoir battu tous ses rivaux de la terre, — mais l'autre, c'est le rival invincible, hors d'atteinte.

Le coq jette cris sur cris : il appelle, il provoque, il menace, — mais l'autre ne répond qu'à ses heures, et d'abord il ne répond pas.

Le coq fait le beau, gonfle ses plumes, qui ne sont

pas mal, celles-ci bleues, et celles-là argentées, — mais l'autre, en plein azur, est éblouissant d'or.

Le coq rassemble ses poules, et marche à leur tête. Voyez: elles sont à lui; toutes l'aiment et toutes le craignent, — mais l'autre est adoré des hirondelles.

Le coq se prodigue. Il pose, çà et là, ses virgules d'amour, et triomphe, d'un ton aigu, de petits riens; — mais justement l'autre se marie et carillonne à toute volée ses noces de village.

Le coq jaloux monte sur ses ergots pour un combat suprême; sa queue a l'air d'un pan de manteau que relève une épée. Il défie, le sang à la crête, tous les coqs du ciel, — mais l'autre, qui n'a pas peur de faire face aux vents d'orage, joue en ce moment avec la brise et tourne le dos.

Et le coq s'exaspère jusqu'à la fin du jour.

Ses poules rentrent, une à une. Il reste seul, enroué, vanné, dans la cour déjà sombre, — mais l'autre éclate encore aux derniers feux du soleil, et chante, de sa voix pure, le pacifique angélus du soir.

Canards

I

C'est la cane qui va la première, boitant des deux pattes, barboter au trou qu'elle connaît.

Le canard la suit. Les pointes de ses ailes croisées sur le dos, il boite aussi des deux pattes.

Et cane et canard marchent taciturnes comme à un rendez-vous d'affaires.

La cane d'abord se laisse glisser dans l'eau boueuse où flottent des plumes, des fientes, une feuille de vigne, et de la paille. Elle a presque disparu.

Elle attend. Elle est prête.

Et le canard entre à son tour. Il noie ses riches couleurs. On ne voit que sa tête verte et l'accroche-cœur du derrière. Tous deux se trouvent bien là. L'eau chauffe. Jamais on ne la vide et elle ne se renouvelle que les jours d'orage.

Le canard, de son bec aplati, mordille et serre la nuque de la cane. Un instant il s'agite et l'eau est si épaisse qu'elle en frissonne à peine. Et vite calmée, plate, elle réfléchit, en noir, un coin de ciel pur.

La cane et le canard ne bougent plus. Le soleil les cuit et les endort. On passerait près d'eux sans les remarquer. Ils ne se dénoncent que par les rares bulles d'air qui viennent crever sur l'eau croupie.

II

Devant la porte fermée, ils dorment tous deux, joints et posés à plat, comme la paire de sabots d'une voisine chez un malade.

Dindes

I

Elle se pavane au milieu de la cour, comme si elle vivait sous l'ancien régime.

Les autres volailles ne font que manger toujours, n'importe quoi. Elle, entre ses repas réguliers, ne se préoccupe que d'avoir bel air. Toutes ses plumes sont empesées et les pointes de ses ailes raient le sol, comme pour tracer la route qu'elle suit : c'est là qu'elle s'avance et non ailleurs.

Elle se rengorge tant qu'elle ne voit jamais ses pattes.

Elle ne doute de personne, et, dès que je m'approche, elle s'imagine que je veux lui rendre mes hommages.

Déjà elle glougloute d'orgueil.

« Notre dinde, lui dis-je, si vous étiez une oie, j'écrirais votre éloge, comme le fit Buffon, avec une de vos plumes. Mais vous n'êtes qu'une dinde... »

J'ai dû la vexer, car le sang monte à sa tête. Des

grappes de colère lui pendent au bec. Elle a une crise de rouge. Elle fait claquer d'un coup sec l'éventail de sa queue et cette vieille chipie me tourne le dos.

II

Sur la route, voici encore le pensionnat des dindes.

Chaque jour, quelque temps qu'il fasse, elles se promènent.

Elles ne craignent ni la pluie, personne ne se retrousse mieux qu'une dinde, ni le soleil, une dinde ne sort jamais sans son ombrelle.

La Pintade

C'est la bossue de ma cour. Elle ne rêve que plaies à cause de sa bosse.

Les poules ne lui disent rien : brusquement, elle se précipite et les harcèle.

Puis elle baisse sa tête, penche le corps, et, de toute la vitesse de ses pattes maigres, elle court frapper, de son bec dur, juste au centre de la roue d'une dinde.

Cette poseuse l'agaçait.

Ainsi, la tête bleuie, ses barbillons à vif, cocardière, elle rage du matin au soir. Elle se bat sans motif, peut-être parce qu'elle s'imagine toujours qu'on se moque de sa taille, de son crâne chauve et de sa queue basse.

Et elle ne cesse de jeter un cri discordant qui perce l'air comme une pointe.

Parfois elle quitte la cour et disparaît. Elle laisse aux volailles pacifiques un moment de répit. Mais elle revient plus turbulente et plus criarde. Et, frénétique, elle se vautre par terre.

Qu'a-t-elle donc?

La sournoise fait une farce.

Elle est allée pondre son œuf à la campagne.

Je peux le chercher si ça m'amuse.

Elle se roule dans la poussière, comme une bossue.

L'Oie

Tiennette voudrait aller à Paris, comme les autres filles du village. Mais est-elle seulement capable de garder ses oies ?

À vrai dire, elle les suit plutôt qu'elle ne les mène. Elle tricote, machinale, derrière leur troupe, et elle s'en rapporte à l'oie de Toulouse qui a la raison d'une grande personne.

L'oie de Toulouse connaît le chemin, les bonnes herbes, et l'heure où il faut rentrer.

Si brave que le jars l'est moins, elle protège ses sœurs contre le mauvais chien. Son col vibre et serpente à ras de terre, puis se redresse, et elle domine Tiennette effarée. Dès que tout va bien, elle triomphe et chante du nez qu'elle sait grâce à qui l'ordre règne.

Elle ne doute pas qu'elle ferait mieux encore.

Et, un soir, elle quitte le pays. Elle s'éloigne sur la route, bec au vent, plumes collées. Des femmes, qu'elle croise, n'osent l'arrêter. Elle marche vite à faire peur.

Et pendant que Tiennette, restée là-bas, finit de s'abêtir, et, toute pareille aux oies, ne s'en distingue plus, l'oie de Toulouse vient à Paris.

Les Pigeons

Qu'ils fassent sur la maison un bruit de tambour voilé ;

Qu'ils sortent de l'ombre, culbutent, éclatent au soleil et rentrent dans l'ombre ;

Que leur col fugitif vive et meure comme l'opale au doigt ;

Qu'ils s'endorment, le soir, dans la forêt, si pressés que la plus haute branche du chêne menace de rompre sous cette charge de fruits peints ;

Que ces deux-là échangent des saluts frénétiques et brusquement, l'un à l'autre, se convulsent ;

Que celui-ci revienne d'exil, avec une lettre, et vole comme la pensée de notre amie lointaine (Ah ! un gage !) ;

Tous ces pigeons, qui d'abord amusent, finissent par ennuyer.

Ils ne sauraient tenir en place et les voyages ne les forment point.

Ils restent toute la vie un peu niais. Ils s'obstinent à croire qu'on fait les enfants par le bec.

Et c'est insupportable à la longue, cette manie héréditaire d'avoir toujours dans la gorge quelque chose qui ne passe pas.

LES DEUX PIGEONS. « Viens, mon grrros..., viens, mon grrros... viens, mon grrros... »

Le Paon

Il va sûrement se marier aujourd'hui.

Ce devait être pour hier. En habit de gala, il était prêt. Il n'attendait que sa fiancée. Elle n'est pas venue. Elle ne peut tarder.

Glorieux, il se promène avec une allure de prince indien et porte sur lui les riches présents d'usage. L'amour avive l'éclat de ses couleurs et son aigrette tremble comme une lyre.

La fiancée n'arrive pas.

Il monte au haut du toit et regarde du côté du soleil. Il jette son cri diabolique :

« Léon ! Léon ! »

C'est ainsi qu'il appelle sa fiancée. Il ne voit rien venir et personne ne répond. Les volailles habituées ne lèvent même point la tête. Elles sont lasses de l'admirer. Il redescend dans la cour, si sûr d'être beau qu'il est incapable de rancune.

Son mariage sera pour demain.

Et, ne sachant que faire du reste de la journée, il

se dirige vers le perron. Il gravit les marches, comme des marches de temple, d'un pas officiel.

Il relève sa robe à queue toute lourde des yeux qui n'ont pu se détacher d'elle.

Il répète encore une fois la cérémonie.

Le Chat

I

Le mien ne mange pas les souris ; il n'aime pas ça. Il n'en attrape que pour jouer avec. Quand il a bien joué, il lui fait grâce de la vie, et il va rêver ailleurs, l'innocent, assis dans la boucle de sa queue, la tête bien fermée comme un poing.

Mais à cause des griffes, la souris est morte.

II

On lui dit : « Prends les souris et laisse les oiseaux ! »

C'est bien subtil, et le chat le plus fin quelquefois se trompe.

Le Cygne

Il glisse sur le bassin, comme un traîneau blanc, de nuage en nuage. Car il n'a faim que des nuages floconneux qu'il voit naître, bouger, et se perdre dans l'eau. C'est l'un d'eux qu'il désire. Il le vise du bec, et il plonge tout à coup son col vêtu de neige.

Puis, tel un bras de femme sort d'une manche, il retire.

Il n'a rien.

Il regarde : les nuages effarouchés ont disparu.

Il ne reste qu'un instant désabusé, car les nuages tardent peu à revenir, et, là-bas, où meurent les ondulations de l'eau, en voici un qui se reforme.

Doucement, sur son léger coussin de plumes, le cygne rame et s'approche...

Il s'épuise à pêcher de vains reflets, et peut-être qu'il mourra, victime de cette illusion, avant d'attraper un seul morceau de nuage.

Mais qu'est-ce que je dis ?

Chaque fois qu'il plonge, il fouille du bec la vase nourrissante et ramène un ver.

Il engraisse comme une oie.

Le Chien

On ne peut mettre Pointu dehors, par ce temps, et l'aigre sifflet du vent sous la porte l'oblige même à quitter le paillasson. Il cherche mieux et glisse sa bonne tête entre nos sièges. Mais nous nous penchons, serrés, coude à coude, sur le feu, et je donne une claque à Pointu. Mon père le repousse du pied. Maman lui dit des injures. Ma sœur lui offre un verre vide.

Pointu éternue et va voir à la cuisine si nous y sommes.

Puis il revient, force notre cercle, au risque d'être étranglé par les genoux, et le voilà dans un coin de la cheminée.

Après avoir longtemps tourné sur place, il s'assied près du chenet et ne bouge plus. Il regarde ses maîtres d'un œil si doux qu'on le tolère. Seulement le chenet presque rouge et les cendres écartées lui brûlent le derrière.

Il reste tout de même.

On lui rouvre un passage.

« Allons, file ! es-tu bête ! »

Mais il s'obstine. À l'heure où les dents des chiens perdus crissent de froid, Pointu, au chaud, poil roussi, fesses cuites, se retient de hurler et rit jaune, avec des larmes plein les yeux.

Les Chiens

Les deux chiens qui s'étaient pris, là-bas, de l'autre côté du canal, et que nous ne pouvions pas ne pas voir, Gloriette et moi, de notre banc, nous donnaient le spectacle d'un grotesque et douloureux collage dont la rupture s'éternise, quand arriva près d'eux Coursol. Il ramenait ses moutons par le canal et portait sur l'épaule une bûche de bois qu'il avait ramassée en chemin pour se chauffer l'hiver.

Dès qu'il s'aperçut que l'un des deux chiens était à lui, il le saisit par le collier et laissa d'abord tomber sa bûche, sans hâte, sur l'autre chien.

Comme les deux bêtes ne se séparaient pas, Coursol, au milieu de ses moutons arrêtés, dut frapper plus fort. Le chien hurla sans pouvoir rompre. On entendit alors les coups de bûche résonner sur l'échine.

« Pauvres bêtes ! dit Gloriette pâle.

— Voilà, dis-je, comme on les traite au pays, et c'est étonnant que Coursol ne les jette pas au canal. L'eau agirait plus vite.

— Quelle brute ! dit Gloriette.

— Mais non ! C'est Coursol, un brave homme paisible. »

Gloriette se retenait de crier. J'étais écœuré comme elle, mais j'avais l'habitude.

« Ordonne-lui de cesser ! dit Gloriette.

— Il est loin, il m'entendrait mal.

— Lève-toi ! fais-lui des signes !

— S'il me comprenait, il répondrait sans colère : "Est-ce qu'on peut laisser des chiens dans cet état ?" »

Gloriette regardait, toute blanche, lèvres ouvertes, et Coursol tapait toujours sur le chien courbaturé.

« Ça devient atroce ! Veux-tu que je m'en aille ? dit Gloriette prise de pudeur. Tu pourras mieux te révolter contre ce misérable ! »

J'allais répondre je ne sais quoi, quelque chose de ce genre : « ce n'est pas sur notre commune ! », lorsqu'un dernier coup de bûche, qui pouvait les assommer, désunit les deux bêtes. Coursol, ayant agi comme il devait, poussa ses moutons vers le village. Les chiens, libres, restèrent quelques instants l'un près de l'autre. Ils tournaient, penauds, sur eux-mêmes, encore liés par le souvenir.

Dédéche est mort

C'était le petit griffon de mademoiselle et nous l'aimions tous.

Il connaissait l'art de se pelotonner n'importe où, et, même sur une table, il semblait dormir au creux d'un nid.

Il avait compris que la caresse de sa langue nous devenait désagréable et il ne nous caressait plus qu'avec sa patte, sur la joue, finement. Il suffisait de se protéger l'œil.

Il riait. On crut longtemps que c'était une façon d'éternuer, mais c'était bien un rire.

Quoiqu'il n'eût pas de profonds chagrins, il savait pleurer, c'est-à-dire grogner de la gorge, avec une goutte d'eau pure au coin des yeux.

Il lui arrivait de se perdre et de revenir à la maison tout seul, si intelligemment, qu'à nos cris de joie nous tâchions d'ajouter quelques marques d'estime.

Sans doute, il ne parlait pas, malgré nos efforts.

En vain, mademoiselle lui disait : « Si tu parlais donc un tout petit peu ! »

Il la regardait, frémissant, étonné comme elle. De la queue, il faisait bien les gestes, il ouvrait les mâchoires, mais sans aboyer. Il devinait que mademoiselle espérait mieux qu'un aboiement, et la parole était au cœur, près de monter à la langue et aux lèvres. Il aurait fini par la donner, il n'avait pas encore l'âge !

Un soir sans lune, à la campagne, comme Dédèche se cherchait des amis au bord de la route, un gros chien, qu'on ne reconnut pas, sûrement de braconnier, happa cette fragile boule de soie, la secoua, la serra, la rejeta et s'enfuit.

Ah ! si mademoiselle avait pu saisir ce chien féroce, le mordre à la gorge, le rouler et l'étouffer dans la poussière !

Dédèche guérit de la blessure des crocs, mais il lui resta aux reins une douloureuse faiblesse.

Il se mit à pisser partout. Dehors, il pissait comme une pompe, tant qu'il pouvait, joyeux de nous délivrer d'un souci, et à peine rentré il ne se retenait déjà plus. Dès qu'on tournait le dos, il tournait le sien au pied d'un meuble, et mademoiselle jetait son cri d'alarme monotone : « Une éponge ! de l'eau ! du soufre ! »

On se mettait en colère, on grondait Dédèche d'une voix terrible, et on le battait avec des gestes violents qui ne le touchaient pas, son regard fin nous répondait : « Je sais bien, mais que faire ? »

Il restait gentil et gracieux, mais parfois il se voûtait comme s'il avait sur l'échine les dents du chien du braconnier.

Et puis son odeur finissait par inspirer des mots aux amis les moins spirituels.

Le cœur même de mademoiselle allait durcir !

Il fallut tuer Dédéche.

C'est très simple : on fait une incision dans une bouchée de viande, on y met deux poudres, une de cyanure de potassium, l'autre d'acide tartrique, on recoud avec du fil très fin. On donne une première boulette inoffensive, pour rire, puis la vraie. L'estomac digère et les deux poudres, par réaction, forment de l'acide cyanhydrique ou prussique qui foudroie l'animal.

Je ne veux plus me rappeler qui de nous administra les boulettes.

Dédéche attend, couché, bien sage, dans sa corbeille. Et nous aussi nous attendons, nous écoutons de la pièce à côté, affalés sur des sièges, comme pris d'une immense fatigue.

Un quart d'heure passe, une demi-heure. Quelqu'un dit doucement :

« Je vais voir.

— Encore cinq minutes ! »

Nos oreilles bourdonnent. Ne croirait-on pas qu'un chien hurle quelque part, au loin, le chien de braconnier ?

Enfin le plus courageux de nous disparaît et revient dire d'une voix qu'on ne lui connaissait pas :

« C'est fini ! »

Mademoiselle laisse tomber sa tête sur le lit et sanglote. Elle cède aux sanglots, comme on a le fou rire, quand on ne voulait que rire.

Elle répète, la figure dans l'oreiller :

«Non, non, je ne boirai pas mon chocolat ce matin ! »

À la maman qui lui parle de mari, elle murmure qu'elle restera vieille fille.

Les autres rattrapent à temps leurs larmes. Ils sentent qu'ils pleureraient tous et que chaque nouvelle source ferait jaillir une source voisine.

Ils disent à mademoiselle :

« Tu es bête, ce n'est rien ! »

Pourquoi rien ? C'était de la vie ! et nous ne pouvons pas savoir jusqu'où allait celle que nous venons de supprimer.

Par pudeur, pour ne pas avouer que la mort d'un petit chien nous bouleverse, nous songeons aux êtres humains déjà perdus, à ceux qu'on pourrait perdre, à tout ce qui est mystérieux, incompréhensible, noir et glacé.

Le coupable se dit : « Je viens de commettre un assassinat par trahison. »

Il se lève et ose regarder sa victime. Plus tard, nous saurons qu'il a baisé le petit crâne chaud et doux de Dédéche.

« Ouvre-t-il ses yeux ?

— Oui, mais des yeux vitreux, qui ne voient plus.

— Il est mort sans souffrir ?

— Oh ! j'en suis sûr.

— Sans se débattre ?

— Il a seulement allongé sa patte au bord de la corbeille, comme s'il nous tendait encore une petite main. »

La Vache

Las de chercher, on a fini par ne pas lui donner de nom. Elle s'appelle simplement « la vache » et c'est le nom qui lui va le mieux.

D'ailleurs, qu'importe, pourvu qu'elle mange !

Or, l'herbe fraîche, le foin sec, les légumes, le grain et même le pain et le sel, elle a tout à discrétion, et elle mange de tout, tout le temps, deux fois, puisqu'elle rumine.

Dès qu'elle m'a vu, elle accourt d'un petit pas léger, en sabots fendus, la peau bien tirée sur ses pattes comme un bas blanc, elle arrive certaine que j'apporte quelque chose qui se mange. Et l'admirant chaque fois, je ne peux que lui dire : « Tiens, mange ! »

Mais de ce qu'elle absorbe elle fait du lait et non de la graisse. À heure fixe, elle offre son pis plein et carré. Elle ne retient pas le lait, — il y a des vaches qui le retiennent, — généreusement, par ses quatre trayons élastiques, à peine pressés, elle vide sa fontaine. Elle ne remue ni le pied, ni la queue, mais de sa langue énorme et souple, elle s'amuse à lécher le dos de la servante.

Quoiqu'elle vive seule, l'appétit l'empêche de s'ennuyer. Il est rare qu'elle beugle de regret au souvenir vague de son dernier veau. Mais elle aime les visites, accueillante avec ses cornes relevées sur le front, et ses lèvres affriandées d'où pendent un fil d'eau et un brin d'herbe.

Les hommes, qui ne craignent rien, flattent son ventre débordant ; les femmes, étonnées qu'une si grosse bête soit si douce, ne se défient plus que de ses caresses et font des rêves de bonheur.

Elle aime que je la gratte entre les cornes. Je recule un peu, parce qu'elle s'approche de plaisir, et la bonne grosse bête se laisse faire, jusqu'à ce que j'aie mis le pied dans sa bouse.

La mort de Brunette

Philippe, qui me réveille, me dit qu'il s'est levé la nuit pour l'écouter et qu'elle avait le souffle calme.

Mais, depuis ce matin, elle l'inquiète.

Il lui donne du foin sec et elle le laisse.

Il offre un peu d'herbe fraîche, et Brunette, d'ordinaire si friande, y touche à peine. Elle ne regarde plus son veau et supporte mal ses coups de nez quand il se dresse sur ses pattes rigides, pour téter.

Philippe les sépare et attache le veau loin de la mère. Brunette n'a pas l'air de s'en apercevoir.

L'inquiétude de Philippe nous gagne tous. Les enfants même veulent se lever.

Le vétérinaire arrive, examine Brunette et la fait sortir de l'écurie. Elle se cogne au mur et elle bute contre le pas de la porte. Elle tomberait; il faut la rentrer.

« Elle est bien malade », dit le vétérinaire.

Nous n'osons pas lui demander ce qu'elle a.

Il craint une fièvre de lait, souvent fatale, surtout aux bonnes laitières, et se rappelant une à une celles qu'on croyait perdues et qu'il a sauvées, il écarte avec un pinceau, sur les reins de Brunette, le liquide d'une fiole.

« Il agira comme un vésicatoire, dit-il. J'en ignore la composition exacte. Ça vient de Paris. Si le mal ne gagne pas le cerveau, elle s'en tirera toute seule, sinon, j'emploierai la méthode de l'eau glacée. Elle étonne les paysans simples, mais je sais à qui je parle.

— Faites, monsieur. »

Brunette, couchée sur la paille, peut encore supporter le poids de sa tête. Elle cesse de ruminer. Elle semble retenir sa respiration pour mieux entendre ce qui se passe au fond d'elle.

On l'enveloppe d'une couverture de laine, parce que les cornes et les oreilles se refroidissent.

« Jusqu'à ce que les oreilles tombent, dit Philippe, il y a de l'espoir. »

Deux fois elle essaie en vain de se mettre sur ses jambes. Elle souffle fort, par intervalles de plus en plus espacés.

Et voilà qu'elle laisse tomber sa tête sur son flanc gauche.

« Ça se gâte », dit Philippe accroupi et murmurant des douceurs.

La tête se relève et se rabat sur le bord de la mangeoire, si pesamment que le choc sourd nous fait faire : « oh ! »

Nous bordons Brunette de tas de paille pour qu'elle ne s'assomme pas.

Elle tend le cou et les pattes, elle s'allonge de toute sa longueur, comme au pré, par les temps orageux.

Le vétérinaire se décide à la saigner. Il ne

s'approche pas trop. Il est aussi savant qu'un autre, mais il passe pour moins hardi.

Aux premiers coups du marteau de bois, la lancette glisse sur la veine. Après un coup mieux assuré, le sang jaillit dans le seau d'étain, que d'habitude le lait emplit jusqu'au bord.

Pour arrêter le jet, le vétérinaire passe dans la veine une épingle d'acier.

Puis, du front à la queue de Brunette soulagée, nous appliquons un drap mouillé d'eau de puits et qu'on renouvelle fréquemment parce qu'il s'échauffe vite. Elle ne frissonne même pas. Philippe la tient ferme par les cornes et empêche la tête d'aller battre le flanc gauche.

Brunette, comme domptée, ne bouge plus. On ne sait pas si elle va mieux ou si son état s'aggrave.

Nous sommes tristes, mais la tristesse de Philippe est morne comme celle d'un animal qui en verrait souffrir un autre.

Sa femme lui apporte sa soupe du matin qu'il mange sans appétit, sur un escabeau, et qu'il n'achève pas.

« C'est la fin, dit-il, Brunette enfle ! »

Nous doutons d'abord, mais Philippe a dit vrai. Elle gonfle à vue d'œil, et ne se dégonfle pas, comme si l'air entré ne pouvait ressortir.

La femme de Philippe demande :

« Elle est morte ?

— Tu ne le vois pas ! » dit Philippe durement.

Mme Philippe sort dans la cour.

« Ce n'est pas près que j'aille en chercher une autre, dit Philippe.

— Une quoi ?

— Une autre Brunette.

— Vous irez quand je voudrai », dis-je d'une voix de maître qui m'étonne.

Nous tâchons de nous faire croire que l'accident nous irrite plus qu'il ne nous peine, et déjà nous disons que Brunette est crevée.

Mais le soir, j'ai rencontré le sonneur de l'église, et je ne sais pas ce qui m'a retenu de lui dire :

« Tiens, voilà cent sous, va sonner le glas de quelqu'un qui est mort dans ma maison. »

Le Bœuf

La porte s'ouvre ce matin, comme d'habitude, et Castor quitte, sans buter, l'écurie. Il boit à lentes gorgées sa part au fond de l'auge et laisse la part de Pollux attardé. Puis, le mufle s'égouttant ainsi que l'arbre après l'averse, il va de bonne volonté, avec ordre et pesanteur, se ranger à sa place ordinaire, sous le joug du chariot.

Les cornes liées, la tête immobile, il fronce le ventre, chasse mollement de sa queue les mouches noires et, telle une servante sommeille, le balai à la main, il rumine en attendant Pollux.

Mais, par la cour, les domestiques affairés crient et jurent, et le chien jappe comme à l'approche d'un étranger.

Est-ce le sage Pollux qui, pour la première fois, résiste à l'aiguillon, tournaille, heurte le flanc de Castor, fume, et, quoique attelé, tâche encore de secouer le joug commun?

Non, c'est un autre.

Castor, dépareillé, arrête ses mâchoires, quand il voit, près du sien, cet œil trouble de bœuf qu'il ne reconnaît pas.

Au soleil qui se couche, les bœufs traînent par le pré, à pas lents, la herse légère de leur ombre.

Le Taureau

I

Le pêcheur à la ligne volante marche d'un pas léger au bord de l'Yonne et fait sautiller sur l'eau sa mouche verte.

Les mouches vertes, il les attrape aux troncs des peupliers polis par le frottement du bétail.

Il jette sa ligne d'un coup sec et tire d'autorité.

Il s'imagine que chaque place nouvelle est la meilleure, et bientôt il la quitte, enjambe un échalier et de ce pré passe dans l'autre.

Soudain, comme il traverse un grand pré que grille le soleil, il s'arrête.

Là-bas, du milieu des vaches paisibles et couchées, le taureau vient de se lever pesamment.

C'est un taureau fameux et sa taille étonne les passants sur la route. On l'admire à distance et, s'il ne l'a déjà fait, il pourrait lancer son homme au ciel, ainsi qu'une flèche, avec l'arc de ses cornes.

Plus doux qu'un agneau tant qu'il veut, il se met tout à coup en fureur, quand ça le prend, et près de lui, on ne sait jamais ce qui arrivera.

Le pêcheur l'observe obliquement.

« Si je fuis, pense-t-il, le taureau sera sur moi avant que je ne sorte du pré. Si, sans savoir nager, je plonge dans la rivière, je me noie. Si je fais le mort par terre, le taureau, dit-on, me flairera et ne me touchera pas. Est-ce bien sûr ? Et, s'il ne s'en va plus, quelle angoisse ! Mieux vaut feindre une indifférence trompeuse. »

Et le pêcheur à la ligne volante continue de pêcher, comme si le taureau était absent. Il espère ainsi lui donner le change.

Sa nuque cuit sous son chapeau de paille.

Il retient ses pieds qui brûlent de courir et les oblige à fouler l'herbe. Il a l'héroïsme de tremper dans l'eau sa mouche verte.

D'ailleurs, qui le presse ?

Le taureau ne s'occupe pas de lui et reste avec les vaches.

Il ne s'est mis debout que pour remuer, par lassitude, comme on s'étire.

Il tourne au vent du soir sa tête crépue.

Il beugle par intervalles, l'œil à demi fermé.

Il mugit de langueur et s'écoute mugir.

II

Les femmes le reconnaissent aux poils frisés qu'il a sur le front.

III

« Comme il me regarde !
— N'aie pas peur, Gloriette, il voit bien que tu as l'air d'une honnête femme. »

Les Mouches d'eau

Il n'y a qu'un chêne au milieu du pré, et les bœufs occupent toute l'ombre de ses feuilles.

La tête basse, ils font les cornes au soleil.

Ils seraient bien, sans les mouches.

Mais aujourd'hui, vraiment, elles dévorent. Âcres et nombreuses, les noires se collent par plaques de suie aux yeux, aux narines, aux coins des lèvres même, et les vertes sucent de préférence la dernière écorchure.

Quand un bœuf remue son tablier de cuir, ou frappe du sabot la terre sèche, le nuage de mouches se déplace avec murmure. On dirait qu'elles fermentent.

Il fait si chaud que les vieilles femmes, sur leur porte, flairent l'orage, et déjà elles plaisantent un peu :

« Gare au bourdoudou ! » disent-elles.

Là-bas, un premier coup de lance lumineux perce le ciel, sans bruit. Une goutte de pluie tombe.

Les bœufs, avertis, relèvent la tête, se meuvent jusqu'au bord du chêne et soufflent patiemment.

Ils le savent : voici que les bonnes mouches viennent chasser les mauvaises.

D'abord rares, une par une, puis serrées, toutes ensemble, elles fondent, du ciel déchiqueté, sur l'ennemi qui cède peu à peu, s'éclaircit, se disperse.

Bientôt, du nez camus à la queue inusable, les bœufs ruisselants ondulent d'aise sous l'essaim victorieux des mouches d'eau.

La Jument

C'est la rentrée générale des foins ; les granges se bourrent jusqu'aux tuiles faîtières. Les hommes et les femmes se dépêchent, parce que le temps menace et que, si la pluie tombait sur le foin coupé, il perdrait de sa valeur. Tous les chariots roulent ; on charge l'un, tandis que les chevaux ramènent l'autre à la ferme. Il fait déjà nuit que le va-et-vient dure encore.

Une jument mère hennit dans ses brancards. Elle répond au poulain qui l'appelait et qui a passé la journée au pré sans boire.

Elle sent que c'est la fin, qu'elle va le rejoindre et elle tire du collier comme si elle était seule attelée. Le chariot s'immobilise près du mur de la grange. On dételle, et la jument libre irait d'un trot lourd à la barrière où le poulain tend le nez, si on ne l'arrêtait, parce qu'il faut qu'elle retourne chercher là-bas le dernier chariot.

Le Cheval

Il n'est pas beau, mon cheval. Il a trop de nœuds et de salières, les côtes plates, une queue de rat et des incisives d'Anglaise. Mais il m'attendrit. Je n'en reviens pas qu'il reste à mon service et se laisse, sans révolte, tourner et retourner.

Chaque fois que je l'attelle, je m'attends qu'il me dise : *non*, d'un signe brusque, et détale.

Point. Il baisse et lève sa grosse tête comme pour remettre un chapeau d'aplomb, recule avec docilité entre les brancards.

Aussi je ne lui ménage ni l'avoine ni le maïs. Je le brosse jusqu'à ce que le poil brille comme une cerise. Je peigne sa crinière, je tresse sa queue maigre. Je le flatte de la main et de la voix. J'éponge ses yeux, je cire ses pieds.

Est-ce que ça le touche ?

On ne sait pas.

Il pète.

C'est surtout quand il me promène en voiture que je l'admire. Je le fouette et il accélère son allure.

Je l'arrête et il m'arrête. Je tire la guide à gauche et il oblique à gauche, au lieu d'aller à droite et de me jeter dans le fossé avec des coups de sabots quelque part.

Il me fait peur, il me fait honte et il me fait pitié.

Est-ce qu'il ne va pas bientôt se réveiller de son demi-sommeil, et, prenant d'autorité ma place, me réduire à la sienne ?

À quoi pense-t-il ?

Il pète, pète, pète.

L'Âne

I

Tout lui est égal. Chaque matin, il voiture, d'un petit pas sec et dru de fonctionnaire, le facteur Jacquot qui distribue aux villages les commissions faites en ville, les épices, le pain, la viande de boucherie, quelques journaux, une lettre.

Cette tournée finie, Jacquot et l'âne travaillent pour leur compte. La voiture sert de charrette. Ils vont ensemble à la vigne, au bois, aux pommes de terre. Ils ramènent tantôt des légumes, tantôt des balais verts, ça ou autre chose, selon le jour.

Jacquot ne cesse de dire : « Hue ! hue ! » sans motif, comme il ronflerait. Parfois l'âne, à cause d'un chardon qu'il flaire, ou d'une idée qui le prend, ne marche plus. Jacquot lui mord l'oreille.

Ils mangent dans les fossés, le maître une croûte et des oignons, la bête ce qu'elle veut.

Ils ne rentrent qu'à la nuit. Leurs ombres passent avec lenteur d'un arbre à l'autre.

Subitement, le lac de silence où les choses baignent et dorment déjà, se rompt, bouleversé.

Quelle ménagère tire, à cette heure, par un treuil rouillé et criard, des pleins seaux d'eau de son puits?

C'est l'âne qui remonte et jette toute sa voix dehors et brait, jusqu'à extinction, qu'il s'en fiche, qu'il s'en fiche.

II

Le lapin devenu grand.

Le Cochon

Grognon, mais familier comme si nous t'avions gardé ensemble, tu fourres le nez partout et tu marches autant avec lui qu'avec les pattes.

Tu caches sous des oreilles en feuilles de betterave tes petits yeux cassis.

Tu es ventru comme une groseille à maquereau.

Tu as de longs poils comme elle, comme elle la peau claire et une courte queue bouclée.

Et les méchants t'appellent : « Sale cochon ! »

Ils disent que, si rien ne te dégoûte, tu dégoûtes tout le monde et que tu n'aimes que l'eau de vaisselle grasse.

Mais ils te calomnient.

Qu'ils te débarbouillent et tu auras bonne mine.

Tu te négliges par leur faute.

Comme on fait ton lit, tu te couches, et la malpropreté n'est que ta seconde nature.

Le Cochon et les perles

Dès qu'on le lâche au pré, le cochon se met à manger et son groin ne quitte plus la terre.

Il ne choisit pas l'herbe fine. Il attaque la première venue et pousse au hasard, devant lui, comme un soc ou comme une taupe aveugle, son nez infatigable.

Il ne s'occupe que d'arrondir un ventre qui prend déjà la forme du saloir, et jamais il n'a souci du temps qu'il fait.

Qu'importe que ses soies aient failli s'allumer tout à l'heure au soleil de midi, et qu'importe maintenant que ce nuage lourd, gonflé de grêle, s'étale et crève sur le pré.

La pie, il est vrai, d'un vol automatique se sauve ; les dindes se cachent dans la haie, et le poulain puéril s'abrite sous un chêne.

Mais le cochon reste où il mange.

Il ne perd pas une bouchée.

Il ne remue pas, avec moins d'aise, la queue.

Tout criblé de grêlons, c'est à peine s'il grogne :

« Encore leurs sales perles ! »

Les Moutons

Ils reviennent des chaumes où, depuis ce matin, ils paissaient, le nez à l'ombre de leur corps.

Selon les signes d'un berger indolent, le chien nécessaire attaque la bande du côté qu'il faut.

Elle tient toute la route, ondule d'un fossé à l'autre et déborde, ou tassée, unie, moelleuse, piétine le sol, à petits pas de vieilles femmes. Quand elle se met à courir, les pattes font le bruit des roseaux et criblent la poussière du chemin de nids d'abeilles.

Ce mouton frisé, bien garni, saute comme un ballot jeté en l'air, et du cornet de son oreille s'échappent des pastilles.

Cet autre a le vertige et heurte du genou sa tête mal vissée.

Ils envahissent le village. On dirait que c'est aujourd'hui leur fête et qu'avec pétulance, ils bêlent de joie par les rues.

Mais ils ne s'arrêtent pas au village, et je les vois reparaître, là-bas. Ils gagnent l'horizon. Par le coteau, ils montent, légers, vers le soleil. Ils s'en approchent et se couchent à distance.

Des traînards prennent, sur le ciel, une dernière forme imprévue, et rejoignent la troupe pelotonnée.

Un flocon se détache encore et plane, mousse blanche, puis fumée, vapeur, puis rien.

Il ne reste plus qu'une patte dehors.

Elle s'allonge, elle s'effile comme une quenouille, à l'infini.

Les moutons frileux s'endorment autour du soleil las qui défait sa couronne et pique, jusqu'à demain, ses rayons dans leur laine.

Les moutons. « Mée... Mée... Mée...

Le chien de berger. — Il n'y a pas de mais ! »

Le Bouc

Son odeur le précède. On ne le voit pas encore qu'elle est arrivée.

Il s'avance en tête du troupeau et les brebis le suivent, pêle-mêle, dans un nuage de poussière.

Il a des poils longs et secs qu'une raie partage sur le dos.

Il est moins fier de sa barbe que de sa taille, parce que la chèvre aussi porte une barbe sous le menton.

Quand il passe, les uns se bouchent le nez, les autres aiment ce goût-là.

Il ne regarde ni à droite ni à gauche : il marche raide, les oreilles pointues et la queue courte. Si les hommes l'ont chargé de leurs péchés, il n'en sait rien, et il laisse, sérieux, tomber un chapelet de crottes.

Alexandre est son nom, connu même des chiens.

La journée finie, le soleil disparu, il rentre au village, avec les moissonneurs, et ses cornes, fléchissant de vieillesse, prennent peu à peu la courbe des faucilles.

La Chèvre

Personne ne lit la feuille du journal officiel affichée au mur de la mairie.

Si, la chèvre.

Elle se dresse sur ses pattes de derrière, appuie celles de devant au bas de l'affiche, remue ses cornes et sa barbe, et agite la tête de droite et de gauche, comme une vieille dame qui lit.

Sa lecture finie, ce papier sentant bon la colle fraîche, la chèvre le mange.

Tout ne se perd pas dans la commune.

Les Lapins

Dans une moitié de futaille, Lenoir et Legris, les pattes au chaud sous la fourrure, mangent comme des vaches. Ils ne font qu'un seul repas qui dure toute la journée.

Si l'on tarde à leur jeter une herbe fraîche, ils rongent l'ancienne jusqu'à la racine, et la racine même occupe les dents.

Or il vient de leur tomber un pied de salade. Ensemble Lenoir et Legris se mettent après.

Nez à nez, ils s'évertuent, hochent la tête, et les oreilles trottent.

Quand il ne reste qu'une feuille, ils la prennent, chacun par un bout, et luttent de vitesse.

Vous croiriez qu'ils jouent, s'ils ne rient pas, et que, la feuille avalée, une caresse fraternelle unira les becs.

Mais Legris se sent faiblir. Depuis hier il a le gros ventre et une poche d'eau le ballonne. Vraiment il se bourrait trop. Bien qu'une feuille de salade passe sans qu'on ait faim, il n'en peut plus. Il lâche la feuille et se couche à côté, sur ses crottes, avec des convulsions brèves.

Le voilà rigide, les pattes écartées, comme pour une réclame d'armurier : « On tue net, on tue loin. »

Un instant, Lenoir s'arrête de surprise. Assis en chandelier, le souffle doux, les lèvres jointes et l'œil cerclé de rose, il regarde.

Il a l'air d'un sorcier qui pénètre un mystère.

Ses deux oreilles droites marquent l'heure suprême.

Puis elles se cassent.

Et il achève la feuille de salade.

Le Lièvre

Philippe m'avait promis de m'en faire voir un au gîte. C'est difficile, et il faut l'œil des vieux chasseurs.

Nous traversions une éteule (les paysans disent une étoule) qu'un coteau protège contre le nord.

Un lièvre se gîte le matin, à l'abri du vent qui souffle, et, même si le vent tourne dans la journée, le lièvre reste à son gîte jusqu'à la nuit prochaine.

En chasse, moi, je regarde le chien, les arbres, les alouettes, le ciel ; Philippe regarde par terre. Il jette un coup d'œil dans chaque sillon à la dévalée et à la montée. Une pierre, une motte l'attire. C'est peut-être un lièvre ? Il va vérifier.

Et, cette fois, c'en est un !

« Voulez-vous le tirer ? » me dit Philippe, d'une voix contenue.

Je me retourne. Philippe, arrêté, les yeux fixés au sol, sur un point, le fusil haut, se tient prêt.

« Le voyez-vous ? dit-il.

— Où donc ?

— Vous ne voyez pas son œil qui remue ?

— Non.

— Là, devant vous.

— Dans la raie ?

— Oui, mais pas dans la première, dans l'autre.

— Je ne vois rien. »

J'ai beau me frotter les yeux pleins de buée. Philippe, pâle du coup qu'il a reçu au cœur en apercevant le lièvre, me répète :

« Vous ne le voyez pas ? Vous ne le voyez donc pas ! »

Et ses mains tremblent. Il a peur que le lièvre ne parte.

« Montrez-le-moi, dis-je, avec votre fusil.

— Tenez, là, l'œil, son œil, au bout du canon !

— Ah ! je ne vois rien ; épaulez, Philippe, mettez-le en joue. »

Je me place derrière Philippe, et, même par la ligne de mire de son fusil, je ne trouve pas !

C'est énervant !

Je vois quelque chose, mais ça ne peut pas être le lièvre ; c'est une bosse de terre, jaune comme toutes les mottes de l'éteule. Je cherche l'œil. Il n'y a point d'œil. Je me retiens de dire à Philippe :

« Tant pis, tirez ! »

Et le chien qui courait au loin est revenu près de nous. Comme il n'a pas le vent, il ne sent pas le lièvre, mais il peut s'élancer au hasard. Philippe le menace, à voix basse, de claques et de coups de pied, s'il bouge.

Philippe ne me parle plus. Il a fait l'impossible, et il attend que je renonce.

Oh! cet œil noir, rond et gros comme une petite prune, cet œil de lièvre terrorisé, où est-il?

Ah! je le vois!

À mon coup de fusil, le lièvre bondit hors du gîte, la tête fracassée. Et c'est bien le lièvre que je voyais. Je l'avais vu presque tout de suite, j'ai de bons yeux. J'étais trompé par la pose du lièvre. Je le croyais en boule, comme un jeune chien, et je cherchais l'œil dans la boule. Mais le lièvre se gîte allongé, les pattes de devant jointes et les oreilles rabattues. Il ne fait un trou que pour placer son derrière, être le plus possible à ras de l'éteule. Le derrière est ici et l'œil là, très loin. De là ma courte hésitation.

« C'est lâche de tuer un lièvre au gîte, dis-je à Philippe. Nous aurions dû lui jeter une pierre, le faire sauver et le tirer tous deux à la course. Il ne pouvait pas nous échapper.

— Ce sera pour une autre fois, dit Philippe.

— C'est bien de me l'avoir montré, Philippe, il n'y a pas beaucoup de chasseurs comme vous.

— Je ne le ferais pas pour tout le monde », dit Philippe.

La Belette

Pauvre, mais propre, distinguée, elle passe et repasse, par petits bonds, sur la route, et va, d'un fossé à l'autre, donner, de trou en trou, ses leçons au cachet.

Le Hérisson

Essuyez votre... S.V.P.

« Il faut me prendre comme je suis et ne pas trop serrer. »

Le Lézard

Fils spontané de la pierre fendue où je m'appuie, il me grimpe sur l'épaule. Il a cru que je continuais le mur parce que je reste immobile et que j'ai un paletot couleur de muraille. Ça flatte tout de même.

Le Mur. « Je ne sais quel frisson me passe sur le dos.
Le Lézard. — C'est moi. »

Le Lézard vert

Prenez garde à la peinture !

La Couleuvre

De quel ventre est-elle tombée, cette colique ?

Le Serpent

I

Trop long.

II

La dix-millionième partie du quart du méridien terrestre.

Le Ver

En voilà un qui s'étire et qui s'allonge comme une belle nouille.

Les Grenouilles

Par brusques détentes, elles exercent leurs ressorts.

Elles sautent de l'herbe comme de lourdes gouttes d'huile frite.

Elles se posent, presse-papiers de bronze, sur les larges feuilles du nénuphar.

L'une se gorge d'air. On mettrait un sou, par sa bouche, dans la tirelire de son ventre.

Elles montent, comme des soupirs, de la vase.

Immobiles, elles semblent, les gros yeux à fleur d'eau, les tumeurs de la mare plate.

Assises en tailleur, stupéfiées, elles bâillent au soleil couchant.

Puis, comme les camelots assourdissants des rues, elles crient les dernières nouvelles du jour.

Il y aura réception chez elles ce soir; les entendez-vous rincer leurs verres?

Parfois, elles happent un insecte.

Et d'autres ne s'occupent que d'amour.

Et toutes, elles tentent le pêcheur à la ligne.

Je casse, sans difficulté, une gaule. J'ai, piquée à mon paletot, une épingle que je recourbe en hameçon.

La ficelle ne me manque pas.

Mais il me faudrait encore un brin de laine, un bout de n'importe quoi rouge.

Je cherche sur moi, par terre, au ciel.

Je ne trouve rien et je regarde mélancoliquement ma boutonnière fendue, toute prête, que, sans reproche, on ne se hâte guère d'orner du ruban rouge.

Le Crapaud

Né d'une pierre, il vit sous une pierre et s'y creusera un tombeau.

Je le visite fréquemment, et chaque fois que je lève sa pierre, j'ai peur de le retrouver et peur qu'il n'y soit plus.

Il y est.

Caché dans ce gîte sec, propre, étroit, bien à lui, il l'occupe pleinement, gonflé comme une bourse d'avare.

Qu'une pluie le fasse sortir, il vient au-devant de moi. Quelques sauts lourds, et il me regarde de ses yeux rougis.

Si le monde injuste le traite en lépreux, je ne crains pas de m'accroupir près de lui et d'approcher du sien mon visage d'homme.

Puis je dompterai un reste de dégoût, et je te caresserai de ma main, crapaud !

On en avale dans la vie qui font plus mal au cœur.

Pourtant, hier, j'ai manqué de tact. Il fermentait et suintait, toutes ses verrues crevées.

« Mon pauvre ami, lui dis-je, je ne veux pas te faire de peine, mais, Dieu ! que tu es laid ! »

Il ouvrit sa bouche puérile et sans dents, à l'haleine chaude, et me répondit avec un léger accent anglais :

« Et toi ? »

La Sauterelle

Serait-ce le gendarme des insectes ?

Tout le jour, elle saute et s'acharne aux trousses d'invisibles braconniers qu'elle n'attrape jamais.

Les plus hautes herbes ne l'arrêtent pas.

Rien ne lui fait peur, car elle a des bottes de sept lieues, un cou de taureau, le front génial, le ventre d'une carène, des ailes en celluloïd, des cornes diaboliques et un grand sabre au derrière.

Comme on ne peut avoir les vertus d'un gendarme sans les vices, il faut bien le dire, la sauterelle chique.

Si je mens, poursuis-la de tes doigts, joue avec elle à quatre coins, et quand tu l'auras saisie, entre deux bonds, sur une feuille de luzerne, observe sa bouche : par ses terribles mandibules, elle sécrète une mousse noire comme du jus de tabac.

Mais déjà tu ne la tiens plus. Sa rage de sauter la reprend. Le monstre vert t'échappe d'un brusque effort et, fragile, démontable, te laisse une petite cuisse dans la main.

Le Grillon

C'est l'heure où, las d'errer, l'insecte nègre revient de promenade et répare avec soin le désordre de son domaine.

D'abord il ratisse ses étroites allées de sable.

Il fait du bran de scie qu'il écarte au seuil de sa retraite.

Il lime la racine de cette grande herbe propre à le harceler.

Il se repose.

Puis il remonte sa minuscule montre.

A-t-il fini ? Est-elle cassée ? Il se repose encore un peu.

Il rentre chez lui et ferme sa porte.

Longtemps il tourne sa clef dans la serrure délicate.

Et il écoute :

Point d'alarme dehors.

Mais il ne se trouve pas en sûreté.

Et comme par une chaînette dont la poulie grince, il descend jusqu'au fond de la terre.

On n'entend plus rien.

Dans la campagne muette, les peupliers se dressent comme des doigts en l'air et désignent la lune.

Le Cafard

Noir et collé comme un trou de serrure.

Le Ver luisant

I

Que se passe-t-il? Neuf heures du soir et il y a encore de la lumière chez lui.

II

Cette goutte de lune dans l'herbe!

L'Araignée

Une petite main noire et poilue crispée sur des cheveux.

Toute la nuit, au nom de la lune, elle appose ses scellés.

Le Hanneton

Un bourgeon tardif s'ouvre et s'envole du marronnier.

Plus lourd que l'air, à peine dirigeable, têtu et ronchonnant, il arrive tout de même au but, avec ses ailes en chocolat.

Les Fourmis

I

Chacune d'elles ressemble au chiffre 3.
Et il y en a ! il y en a !
Il y en a 3 3 3 3 3 3 3 3 3 3 3 3 3... jusqu'à l'infini.

II

La fourmi et le perdreau

Une fourmi tombe dans une ornière où il a plu et
elle va se noyer, quand un perdreau, qui buvait, la
pince du bec et la sauve.

« Je vous la revaudrai, dit la fourmi.

— Nous ne sommes plus, répond le perdreau
sceptique, au temps de La Fontaine. Non que je
doute de votre gratitude, mais comment piqueriez-
vous au talon le chasseur prêt à me tuer ! Les

chasseurs aujourd'hui ne marchent point pieds nus.

La fourmi ne perd pas sa peine à discuter et elle se hâte de rejoindre ses sœurs qui suivent toutes le même chemin, semblables à des perles noires qu'on enfile.

Or, le chasseur n'est pas loin.

Il se reposait, sur le flanc, à l'ombre d'un arbre. Il aperçoit le perdreau piétant et picotant à travers le chaume. Il se dresse et veut tirer, mais il a des fourmis dans le bras droit. Il ne peut lever son arme. Le bras retombe inerte et le perdreau n'attend pas qu'il se dégourdisse.

L'Escargot

Casanier dans la saison des rhumes, son cou de girafe rentré, l'escargot bout comme un nez plein.

Il se promène dès les beaux jours, mais il ne sait marcher que sur la langue.

II

Mon petit camarade Abel jouait avec ses escargots.

Il en élève une pleine boîte et il a soin, pour les reconnaître, de numéroter au crayon la coquille.

S'il fait trop sec, les escargots dorment dans la boîte. Dès que la pluie menace, Abel les aligne dehors, et si elle tarde à tomber, il les réveille en versant dessus un pot d'eau. Et tous, sauf les mères qui couvent, dit-il, au fond de la boîte, se promènent sous la garde d'un chien appelé Barbare et qui est une lame de plomb qu'Abel pousse du doigt.

Comme je causais avec lui du mal que donne leur dressage, je m'aperçus qu'il me faisait signe que *non*, même quand il me répondait oui.

« Abel, lui dis-je, pourquoi ta tête remue-t-elle ainsi de droite et de gauche ?

— C'est mon sucre, dit Abel.

— Quel sucre ?

— Tiens, là. »

Tandis qu'à quatre pattes il ramenait le numéro 8 près de s'égarer, je vis au cou d'Abel, entre la peau et la chemise, un morceau de sucre qui pendait à un fil, comme une médaille.

« Maman me l'attache, dit-il, quand elle veut me punir.

— Ça te gêne ?

— Ça gratte.

— Et ça cuit, hein ! c'est tout rouge.

— Mais quand elle me pardonne, dit Abel, je le mange. »

La Chenille

Elle sort d'une touffe d'herbe qui l'avait cachée pendant la chaleur. Elle traverse l'allée de sable à grandes ondulations. Elle se garde d'y faire halte et un moment elle se croit perdue dans une trace de sabot du jardinier.

Arrivée aux fraises, elle se repose, lève le nez de droite et de gauche pour flairer ; puis elle repart et sous les feuilles, sur les feuilles, elle sait maintenant où elle va.

Quelle belle chenille, grasse, velue, fourrée, brune avec des points d'or et ses yeux noirs !

Guidée par l'odorat, elle se trémousse et se fronce comme un épais sourcil.

Elle s'arrête au bas d'un rosier.

De ses fines agrafes, elle tâte l'écorce rude, balance sa petite tête de chien nouveau-né et se décide à grimper.

Et, cette fois, vous diriez qu'elle avale péniblement chaque longueur de chemin par déglutition.

Tout en haut du rosier, s'épanouit une rose au

teint de candide fillette. Ses parfums qu'elle prodigue la grisent. Elle ne se défie de personne. Elle laisse monter par sa tige la première chenille venue. Elle l'accueille comme un cadeau.

Et, pressentant qu'il fera froid cette nuit, elle est bien aise de se mettre un boa autour du cou.

La Puce

Un grain de tabac à ressort.

Le Papillon

Ce billet doux plié en deux cherche une adresse de fleur.

La Guêpe

Elle finira pourtant par s'abîmer la taille !

La Demoiselle

Elle soigne son ophtalmie.

D'un bord à l'autre de la rivière, elle ne fait que tremper dans l'eau fraîche ses yeux gonflés.

Et elle grésille, comme si elle volait à l'électricité.

L'Écureuil

I

Du panache ! du panache ! oui, sans doute ; mais,
mon petit ami, ce n'est pas là que ça se met.

II

Leste allumeur de l'automne, il passe et repasse
sous les feuilles la petite torche de sa queue.

La Souris

Comme, à la clarté d'une lampe, je fais ma quotidienne page d'écriture, j'entends un léger bruit. Si je m'arrête, il cesse. Il recommence, dès que je gratte le papier.

C'est une souris qui s'éveille.

Je devine ses va-et-vient au bord du trou obscur où notre servante met ses torchons et ses brosses.

Elle saute par terre et trotte sur les carreaux de la cuisine. Elle passe près de la cheminée, sous l'évier, se perd dans la vaisselle, et par une série de reconnaissances qu'elle pousse de plus en plus loin, elle se rapproche de moi.

Chaque fois que je pose mon porte-plume, ce silence l'inquiète. Chaque fois que je m'en sers, elle croit peut-être qu'il y a une autre souris quelque part, et elle se rassure.

Puis je ne la vois plus. Elle est sous ma table, dans mes jambes. Elle circule d'un pied de chaise à l'autre. Elle frôle mes sabots, en mordille le bois, ou hardiment, la voilà dessus !

Et il ne faut pas que je bouge la jambe, que je respire trop fort : elle filerait.

Mais il faut que je continue d'écrire, et de peur qu'elle ne m'abandonne à mon ennui de solitaire, j'écris des signes, des riens, petitement, menu, menu, comme elle grignote.

Singes

Allez voir les singes (maudits gamins, ils ont tout déchiré leur fond de culotte !) grimper, danser au soleil neuf, se fâcher, se gratter, éplucher des choses, et boire avec une grâce primitive, tandis que de leurs yeux, troubles parfois, mais pas longtemps, s'échappent des lueurs vite éteintes.

Allez voir les flamants qui marchent sur des pincettes, de peur de mouiller, dans l'eau du bassin, leurs jupons roses ; les cygnes et la vaniteuse plomberie de leur col ; l'autruche, ses ailes de poussin, et sa casquette de chef de gare responsable ; les cigognes qui haussent tout le temps les épaules (à la fin, ça ne signifie plus rien) ; le marabout frileux dans sa pauvre jaquette, les pingouins en macfarlane ; le pélican qui tient son bec comme un sabre de bois, et les perruches dont les plus apprivoisées le sont moins que leur gardien lui-même qui finit par nous prendre une pièce de dix sous dans la main.

Allez voir le yack lourd de pensées préhistoriques ; la girafe qui nous montre, par-dessus les barreaux de la grille, sa tête au bout d'une pique ; l'éléphant qui traîne ses chaussons devant sa porte, courbé, le nez bas : il disparaît presque dans le sac d'une culotte trop remontée, et, derrière, un petit bout de corde pend.

Allez donc voir le porc-épic garni de porte-plume bien gênants pour lui et son amie ; le zèbre, modèle à transparent de tous les autres zèbres ; la panthère descendue au pied de son lit ; l'ours qui nous amuse et ne s'amuse guère, et le lion qui bâille, à nous faire bâiller.

Le Cerf

J'entrai au bois par un bout de l'allée, comme il arrivait par l'autre bout.

Je crus d'abord qu'une personne étrangère s'avançait avec une plante sur la tête.

Puis je distinguai le petit arbre nain, aux branches écartées et sans feuilles.

Enfin le cerf apparut net et nous nous arrêtâmes tous deux.

Je lui dis :

« Approche. Ne crains rien. Si j'ai un fusil, c'est par contenance, pour imiter les hommes qui se prennent au sérieux. Je ne m'en sers jamais et je laisse ses cartouches dans leur tiroir. »

Le cerf écoutait et flairait mes paroles. Dès que je me tus, il n'hésita point : ses jambes remuèrent comme des tiges qu'un souffle d'air croise et décroise. Il s'enfuit.

« Quel dommage ! lui criai-je. Je rêvais déjà que nous faisions route ensemble. Moi, je t'offrais, de ma main, les herbes que tu aimes, et toi, d'un pas de promenade, tu portais mon fusil couché sur ta ramure. »

Le Goujon

Il remonte le courant d'eau vive et suit le chemin que tracent les cailloux : car il n'aime ni la vase, ni les herbes.

Il aperçoit une bouteille couchée sur un lit de sable. Elle n'est pleine que d'eau. J'ai oublié à dessein d'y mettre une amorce. Le goujon tourne autour, cherche l'entrée et le voilà pris.

Je ramène la bouteille et rejette le goujon.

Plus haut, il entend du bruit. Loin de fuir, il s'approche, par curiosité. C'est moi qui m'amuse, piétine dans l'eau et remue le fond avec une perche, au bord d'un filet. Le goujon têtu veut passer par une maille. Il y reste.

Je lève le filet et rejette le goujon.

Plus bas, une brusque secousse tend ma ligne et le bouchon bicolore file entre deux eaux.

Je tire et c'est encore lui.

Je le décroche de l'hameçon et le rejette.

Cette fois, je ne l'aurai plus.

Il est là, immobile, à mes pieds, sous l'eau claire.

Je distingue sa tête élargie, son gros œil stupide et sa paire de barbillons.

Il bâille, la lèvre déchirée, et il respire fort, après une telle émotion.

Mais rien ne le corrige.

Je laisse de nouveau tremper ma ligne avec le même ver.

Et aussitôt le goujon mord.

Lequel de nous deux se lassera le premier?

Décidément, ils ne veulent pas mordre. Ils ne savent donc pas que c'est aujourd'hui l'ouverture de la pêche!

Le Brochet

Immobile à l'ombre d'un saule, c'est le poignard dissimulé au flanc du vieux bandit.

La Baleine

Elle a bien dans la bouche de quoi se faire un corset, mais avec ce tour de taille !...

Poissons

M. Vernet n'était pas un pêcheur à embarras, un pêcheur savant, vaniteux, bavard, insupportable, il n'avait point de costume spécial, d'engins coûteux et inutiles, et la veille de l'ouverture ne lui donnait pas la fièvre.

Une ligne lui suffisait, de fil cordonné ; un bouchon discrètement peint, des vers de son jardin comme amorce, et un sac de toile où il rapportait le poisson. Pourtant M. Vernet aimait la pêche ; passionnément, ce serait trop dire ; il l'aimait bien, il n'aimait plus qu'elle, après avoir renoncé successivement, pour des raisons diverses, à ses exercices préférés. ·

La pêche ouverte, il pêchait presque tous les jours, le matin ou le soir, le plus souvent au même endroit. D'autres pêcheurs accordent de l'importance au vent qu'il fait, au soleil qui chauffe, aux nuances de l'eau, M. Vernet aucune. Sa perche de ligne de noisetier à la main, il partait à son gré, longeait l'Yonne, s'arrêtait aussitôt qu'il ne voulait pas aller plus loin, déroulait, posait la ligne, et passait d'agréables moments, jusqu'à l'heure de revenir à la maison pour déjeuner ou dîner. M. Vernet n'était pas assez fantaisiste, sous prétexte de pêche, pour manger mal à l'aise, dehors.

C'est ainsi qu'il se trouva, dimanche dernier, le matin, d'assez bonne heure, s'étant pressé un peu ce premier jour, assis sur l'herbe, et non sur un pliant, au bord de la rivière.

Tout de suite, il s'amusa autant qu'il pouvait. Cette matinée lui semblait délicieuse, non pas seulement parce qu'il pêchait, mais parce qu'il respirait un air léger, parce qu'il voyait miroiter l'Yonne, suivait de l'œil une course sur l'eau de moustiques à longues pattes, et écoutait des grillons chanter derrière lui.

Certes, la pêche l'intéressait aussi, beaucoup.

Bientôt, il prit un poisson.

Ce n'était pas une aventure extraordinaire pour M. Vernet. Il en avait pris d'autres ! Il ne s'acharnait pas après les poissons, il était homme à s'en passer, mais chaque fois qu'un poisson mordait trop, il fallait bien le tirer de l'eau. Et M. Vernet le tirait toujours avec un peu d'émotion. On la devinait au tremblement de ses doigts qui changeaient l'amorce.

M. Vernet, avant d'ouvrir son sac, posa le goujon dans l'herbe. Il ne faut pas dire : « Quoi ! Ce n'était qu'un goujon ! » Il y a de gros goujons qui agitent si violemment la ligne que le cœur du pêcheur bat comme à un drame.

M. Vernet, calmé, rejeta sa ligne à l'eau et au lieu de mettre le goujon dans le sac, sans savoir pourquoi (il ne sut jamais le dire), il regarda le goujon.

Pour la première fois, il regarda un poisson qu'il venait de prendre ! D'habitude, il se dépêchait de lancer sa ligne à d'autres poissons, qui n'attendaient qu'elle. Aujourd'hui, il regardait le goujon avec curiosité, puis avec étonnement, puis avec une espèce d'inquiétude.

Le goujon, après quelques soubresauts qui le fatiguèrent vite, s'immobilisa sur le flanc et ne donna plus signe de vie que par les efforts visibles qu'il faisait pour respirer.

Ses nageoires collées au dos, il ouvrait et fermait sa bouche, ornée, à la lèvre inférieure, de deux barbillons, comme de petites moustaches molles. Et, lentement, la respiration devenait plus pénible, au point que les mâchoires hésitaient même à se rejoindre.

« C'est drôle, dit M. Vernet, je m'aperçois qu'il étouffe ! »

Et il ajouta :

« Qu'il souffre ! »

C'était une remarque nouvelle, aussi nette qu'inattendue. Oui, les poissons souffrent quand ils meurent ; on ne le croit pas d'abord, parce qu'ils ne le disent pas. Ils n'expriment rien ; ils sont muets, c'est le cas de le dire ; et par ses détentes d'agonie, ce goujon semblait jouer encore !

Pour voir les poissons mourir, il faut, par hasard, les regarder attentivement, comme M. Vernet. Tant qu'on n'y pense pas, peu importe, mais dès qu'on y pense !...

« Je me connais, se dit M. Vernet, je suis fichu ; je

m'interroge et je sens que j'irai jusqu'au bout de mon questionnaire ; c'est inutile de résister à la tentation d'être logique : la peur du ridicule ne m'arrêtera pas ; après la chasse, la pêche ! Un jour quelconque, à la chasse, après un de mes crimes, je me suis dit : de quel droit fais-tu ça ? La réponse était toute prête. On s'aperçoit vite qu'il est répugnant de casser l'aile d'une perdrix, les pattes d'un lièvre. Le soir, j'ai pendu mon fusil qui ne tuera plus. L'odieux de la pêche, moins sanglante, vient seulement de me frapper. »

À ces mots, M. Vernet vit le bouchon de sa ligne qui se promenait sur l'eau comme animé, comme par défi. Il tira machinalement une fois de plus. C'était une perche hérissée, épineuse, qui, goulue comme toutes ses pareilles, avait avalé l'hameçon jusqu'au ventre. Il fallut l'extraire, arracher de la chair, déchirer des ouïes de dentelle rouge, se poisser les mains de sang.

Oh ! il saignait, celui-là, il s'exprimait !

M. Vernet roula sa ligne, cacha au pied d'un saule les deux poissons qu'une loutre y trouverait peut-être et s'en alla.

Il semblait plutôt gai et méditait en marche.

« Je serais sans excuse, se disait-il. Chasseur, même si je pouvais m'offrir avec mon argent d'autre viande, je mangeais du moins le gibier, je me nourrissais, je ne donnais pas la mort uniquement par plaisir, mais Mme Vernet rit bien, quand je lui apporte mes quelques poissons raides et secs, et que je n'ose même pas, honteux, la prier de les faire cuire. C'est le chat qui se régale. Qu'il aille les pêcher lui-même s'il veut ! Moi, je casse ma ligne ! »

Cependant, comme il tenait encore les morceaux brisés, M. Vernet murmura, non sans tristesse :

« Est-ce enfin devenir sage, est-ce perdre déjà le goût de vivre ? »

Au jardin

LA BÊCHE. « *Fac et spera*.
LA PIOCHE. — Moi aussi.

LES FLEURS. — Fera-t-il soleil aujourd'hui ?
LE TOURNESOL. — Oui, si je veux.
L'ARROSOIR. — Pardon, si je veux, il pleuvra, et, si j'ôte ma pomme, à torrents.

LE ROSIER. — Oh ! quel vent !
LE TUTEUR. — Je suis là.

LA FRAMBOISE. — Pourquoi les roses ont-elles des épines ? Ça ne se mange pas, une rose.
LA CARPE DU VIVIER. — Bien dit ! C'est parce qu'on me mange que je pique, moi, avec mes arêtes.
LE CHARDON. — Oui, mais trop tard.

LA ROSE. — Me trouves-tu belle ?
LE FRELON. — Il faudrait voir les dessous.
LA ROSE. — Entre.

L'Abeille. — Du courage ! Tout le monde me dit que je travaille bien. J'espère, à la fin du mois, passer chef de rayon.

Les Violettes. — Nous sommes toutes officiers d'académie.

Les Violettes blanches. — Raison de plus pour être modestes, mes sœurs.

Le Poireau. — Sans doute. Est-ce que je me vante ?

L'Épinard. — C'est moi qui suis l'oseille.
L'Oseille. — Mais non, c'est moi.

L'Échalote. — Oh ! que ça sent mauvais.
L'Ail. — Je parie que c'est encore l'œillet.

L'Asperge. — Mon petit doigt me dit tout.

La Pomme de terre. — Je crois que je viens de faire mes petits.

Le Pommier, *au Poirier d'en face*. — C'est ta poire, ta poire, ta poire... c'est ta poire que je voudrais produire. »

Les Coquelicots

Ils éclatent dans le blé, comme une armée de petits soldats; mais d'un bien plus beau rouge, ils sont inoffensifs.

Leur épée, c'est un épi.

C'est le vent qui les fait courir, et chaque coquelicot s'attarde, quand il veut, au bord du sillon, avec le bleuet, sa payse.

La Vigne

Tous ses ceps, l'échalas droit, sont au port d'armes.

Qu'attendent-ils? le raisin ne sortira pas encore cette année, et les feuilles de vigne ne servent plus qu'aux statues.

Chauves-souris

La nuit s'use à force de servir.

Elle ne s'use point par le haut, dans ses étoiles. Elle s'use comme une robe qui traîne à terre, entre les cailloux et les arbres, jusqu'au fond des tunnels malsains et des caves humides.

Il n'est pas de coin où ne pénètre un pan de nuit. L'épine le crève, les froids le gercent, la boue le gâte. Et chaque matin, quand la nuit remonte, des loques s'en détachent, accrochées au hasard.

Ainsi naissent les chauves-souris.

Et elles doivent à cette origine de ne pouvoir supporter l'éclat du jour.

Le soleil couché, quand nous prenons le frais, elles se décollent des vieilles poutres où, léthargiques, elles pendaient d'une griffe.

Leur vol gauche nous inquiète. D'une aile baleinée et sans plumes, elles palpitent autour de nous. Elles se dirigent moins avec d'inutiles yeux blessés qu'avec l'oreille.

Mon amie cache son visage, et moi je détourne la tête par peur du choc impur.

On dit qu'avec plus d'ardeur que notre amour même, elles nous suceraient le sang jusqu'à la mort.

Comme on exagère !

Elles ne sont pas méchantes. Elles ne nous touchent jamais.

Filles de la nuit, elles ne détestent que les lumières, et, du frôlement de leurs petits châles funèbres, elles cherchent des bougies à souffler.

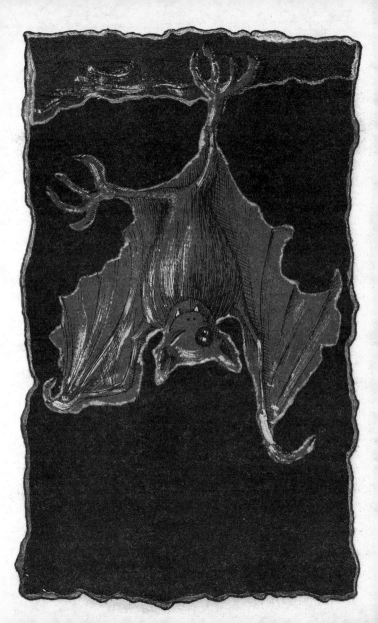

La Cage sans oiseaux

Félix ne comprend pas qu'on tienne des oiseaux prisonniers dans une cage.

« De même, dit-il, que c'est un crime de cueillir une fleur, et, personnellement, je ne veux la respirer que sur sa tige, de même les oiseaux sont faits pour voler. »

Cependant il achète une cage ; il l'accroche à sa fenêtre. Il y dépose un nid d'ouate, une soucoupe de graines, une tasse d'eau pure et renouvelable. Il y suspend une balançoire et une petite glace.

Et comme on l'interroge avec surprise :

« Je me félicite de ma générosité, dit-il, chaque fois que je regarde cette cage. Je pourrais y mettre un oiseau et je la laisse vide. Si je voulais, telle grive brune, tel bouvreuil pimpant, qui sautille, ou tel autre de nos petits oiseaux variés serait esclave. Mais grâce à moi, l'un d'eux au moins reste libre. C'est toujours ça. »

Le Serin

Quelle idée ai-je eue d'acheter cet oiseau ?

L'oiselier me dit : « C'est un mâle. Attendez une semaine qu'il s'habitue, et il chantera. »

Or, l'oiseau s'obstine à se taire et il fait tout de travers.

Dès que je remplis son gobelet de graines, il les pille du bec et les jette aux quatre vents.

J'attache, avec une ficelle, un biscuit entre deux barreaux. Il ne mange que la ficelle. Il repousse et frappe, comme d'un marteau, le biscuit et le biscuit tombe.

Il se baigne dans son eau pure et il boit dans sa baignoire. Il crotte au petit bonheur dans les deux.

Il s'imagine que l'échaudé est une pâte toute prête où les oiseaux de son espèce se creusent des nids et il s'y blottit d'instinct.

Il n'a pas encore compris l'utilité des feuilles de salade et ne s'amuse qu'à les déchirer.

Quand il pique une graine pour de bon, pour l'avaler, il fait peine. Il la roule d'un coin à l'autre du bec, et la presse et l'écrase, et tortille sa tête, comme un petit vieux qui n'a plus de dents.

Son bout de sucre ne lui sert jamais. Est-ce une pierre qui dépasse, un balcon ou une table peu pratique ?

Il lui préfère ses morceaux de bois. Il en a deux qui se superposent et se croisent et je m'écœure à le regarder sauter. Il égale la stupidité mécanique d'une pendule qui ne marquerait rien. Pour quel plaisir saute-t-il ainsi, sautillant par quelle nécessité ?

S'il se repose de sa gymnastique morne, perché d'une patte sur un bâton qu'il étrangle, il cherche de l'autre patte, machinalement, le même bâton.

Aussitôt que, l'hiver venu, on allume le poêle, il croit que c'est le printemps, l'époque de sa mue, et il se dépouille de ses plumes.

L'éclat de ma lampe trouble ses nuits, désordonne ses heures de sommeil. Il se couche au crépuscule. Je laisse les ténèbres s'épaissir autour de lui. Peut-être rêve-t-il ? Brusquement, j'approche la lampe de sa cage. Il rouvre les yeux. Quoi ! c'est déjà le jour ? Et vite, il recommence de s'agiter, danser, cribler une feuille, et il écarte sa queue en éventail, décolle ses ailes.

Mais je souffle la lampe et je regrette de ne pas voir sa mine ahurie.

J'ai bientôt assez de cet oiseau muet qui ne vit qu'à rebours, et je le mets dehors par la fenêtre... Il ne sait pas plus se servir de la liberté que d'une cage. On va le reprendre avec la main.

Qu'on se garde de me le rapporter !

Non seulement je n'offre aucune récompense, mais je jure que je ne connais pas cet oiseau.

Le Pinson

Au bout du toit de la grange, un pinson chante. Il répète, par intervalles égaux, sa note héréditaire. À force de le regarder, l'œil trouble ne le distingue plus de la grange massive. Toute la vie de ces pierres, de ce foin, de ces poutres et de ces tuiles s'échappe par un bec d'oiseau.

Ou plutôt la grange elle-même siffle un petit air.

Le Nid de chardonnerets

Il y avait, sur une branche fourchue de notre cerisier, un nid de chardonnerets joli à voir, rond, parfait, tous crins au-dehors, tout duvet au-dedans, et quatre petits venaient d'y éclore. Je dis à mon père :

« J'ai presque envie de les prendre pour les élever. »

Mon père m'avait expliqué souvent que c'est un crime de mettre des oiseaux en cage. Mais, cette fois, las sans doute de répéter la même chose, il ne trouva rien à me répondre. Quelques jours après, je lui dis :

« Si je veux, ce sera facile. Je placerai d'abord le nid dans une cage, j'attacherai la cage au cerisier et la mère nourrira les petits par les barreaux, jusqu'à ce qu'ils n'aient plus besoin d'elle. »

Mon père ne me dit pas ce qu'il pensait de ce moyen.

C'est pourquoi j'installai le nid dans une cage, la cage sur le cerisier et ce que j'avais prévu arriva : les vieux chardonnerets, sans hésiter, apportèrent aux petits des pleins becs de chenilles. Et mon père observait de loin, amusé comme moi, leur va-et-vient fleuri, leur vol teint de rouge sang et de jaune soufre.

Je dis un soir :

« Les petits sont assez drus. S'ils étaient libres, ils s'envoleraient. Qu'ils passent une dernière nuit en famille et demain je les porterai à la maison, je les pendrai à ma fenêtre, et je te prie de croire qu'il n'y aura pas beaucoup de chardonnerets au monde mieux soignés. »

Mon père ne me dit pas le contraire.

Le lendemain, je trouvai la cage vide. Mon père était là, témoin de ma stupeur.

« Je ne suis pas curieux, dis-je, mais je voudrais bien savoir quel est l'imbécile qui a ouvert cette cage ! »

Le Loriot

Je lui dis :
« Rends-moi cette cerise, tout de suite.
— Bien », répond le loriot.
Il rend la cerise et, avec la cerise, les trois cent mille larves d'insectes nuisibles, qu'il avale dans une année.

Le Moineau

Assis sous les noisetiers du jardin, j'écoute les bruits que fait par ses feuilles, ses insectes et ses oiseaux, tout arbre qui ne se méfie pas.

Silencieux, inanimé à notre approche, il se remet à vivre dès qu'il ne nous croit plus là, parce que nous nous taisons comme lui.

Après la visite d'un chardonneret, qui voltige dans les noisetiers, donne aux feuilles quelques coups de bec, et repart sans m'apercevoir, c'est un moineau qui vient se poser sur une branche au-dessus de ma tête.

Bien que déjà dru, il doit être jeune. Il serre la branche avec ses pattes, il ne bouge plus, comme si le vol l'avait fatigué, et il pépie d'un bec tendre. Il ne peut pas me voir et je le regarde longtemps. Puis il me faut bien remuer. Au mouvement que je fais, le moineau ouvre à peine ses ailes et les referme sans inquiétude.

Je ne sais pourquoi je me dresse, machinal, et du bout des lèvres, la main tendue, je l'appelle.

Le moineau, d'un vol gauche, descend de sa branche sur mon doigt !

Je me sens ému comme un homme qui se découvre un charme ignoré jusque-là, comme un rêveur qui souriait par hasard à une femme inconnue et la voit sourire.

Le moineau confiant bat des ailes pour garder son équilibre au bout de mon doigt et son bec est prêt à tout avaler.

Comme je vais le montrer à la famille sûrement émerveillée ; notre petit voisin Raoul, qui semblait chercher quelque chose, accourt :

« Ah ! vous l'avez ? dit-il.

— Oui, camarade, je sais les prendre, moi !

— Il s'est sauvé de sa cage, dit Raoul, je le cherche depuis ce matin.

— Comment, c'est le tien ?

— Oui, monsieur. Il y a huit jours que je l'élève. Il commence à voler loin et il reste bien apprivoisé.

— Voilà ton moineau, Raoul ; mais ne le laisse plus s'échapper, sinon je l'étrangle : il me fait des peurs ! »

La Pie

Il lui reste toujours, du dernier hiver, un peu de neige.

Elle sautille à pieds joints par terre, puis, de son vol droit et mécanique, elle se dirige vers un arbre.

Quelquefois elle le manque et ne peut s'arrêter que sur l'arbre voisin.

Commune, si dédaignée qu'elle semble immortelle, en habit dès le matin pour bavarder jusqu'au soir, insupportable avec sa queue-de-pie, c'est notre oiseau le plus français.

LA PIE. « Cacacacacaca.

LA GRENOUILLE. — Qu'est-ce qu'elle dit ?

LA PIE. — Je ne dis pas, je chante.

LA GRENOUILLE. — Couac !

LA TAUPE. — Taisez-vous donc là-haut, on ne s'entend plus travailler ! »

Merle !

Dans mon jardin, il y a un vieux noyer presque mort qui fait peur aux petits oiseaux. Seul un oiseau noir habite ses dernières feuilles.

Mais le reste du jardin est plein de jeunes arbres fleuris où nichent des oiseaux gais, vifs et de toutes les couleurs.

Et il semble que ces jeunes arbres se moquent du vieux noyer. À chaque instant, ils lui lancent, comme des paroles taquines, une volée d'oiseaux babillards.

Tour à tour, pierrots, martins, mésanges et pinsons le harcèlent. Ils choquent de l'aile la pointe de ses branches. L'air crépite de leurs cris menus ; puis ils se sauvent, et c'est une autre bande importune qui part des jeunes arbres.

Tant qu'elle peut, elle nargue, piaille, siffle et s'égosille.

Ainsi de l'aube au crépuscule, comme des mots

railleurs, pinsons, mésanges, martins et pierrots s'échappent des jeunes arbres vers le vieux noyer.

Mais parfois il s'impatiente, il remue ses dernières feuilles, lâche son oiseau noir et répond :

« Merle ! »

LE GEAI. « Toujours en noir, vilain merle !

LE MERLE. — Monsieur le sous-préfet, je n'ai que ça à me mettre. »

Le Perroquet

Pas mal ! et il avait bien quelque mérite au temps où les bêtes ne parlaient pas, mais aujourd'hui toutes les bêtes ont du talent.

L'Alouette

I

Je n'ai jamais vu d'alouette et je me lève inutilement avec l'aurore. L'alouette n'est pas un oiseau de la terre.

Depuis ce matin, je foule les mottes et les herbes sèches.

Des bandes de moineaux gris ou de chardonnerets peints à vif flottent sur les haies d'épines.

Le geai passe la revue des arbres dans un costume officiel.

Une caille rase des luzernes et trace au cordeau la ligne droite de son vol.

Derrière le berger qui tricote mieux qu'une femme, les moutons se suivent et se ressemblent.

Et tout s'imprègne d'une lumière si neuve que le corbeau, qui ne présage rien de bon, fait sourire.

Mais écoutez comme j'écoute.

Entendez-vous quelque part, là-haut, piler dans une coupe d'or des morceaux de cristal?

Qui peut me dire où l'alouette chante?
Si je regarde en l'air, le soleil brûle mes yeux.
Il me faut renoncer à la voir.

L'alouette vit au ciel, et c'est le seul oiseau du ciel qui chante jusqu'à nous.

II

Elle retombe, ivre-morte de s'être encore fourrée dans l'œil du soleil.

L'Épervier

Il décrit d'abord des ronds sur le village.

Il n'était qu'une mouche, un grain de suie.

Il grossit à mesure que son vol se resserre.

Parfois il demeure immobile. Les volailles donnent des signes d'inquiétude. Les pigeons rentrent au toit. Une poule, d'un cri bref, rappelle ses petits, et on entend cacarder les oies vigilantes d'une basse-cour à l'autre.

L'épervier hésite et plane à la même hauteur. Peut-être n'en veut-il qu'au coq du clocher.

On le croirait pendu au ciel, par un fil.

Brusquement le fil casse, l'épervier tombe, sa victime choisie. C'est l'heure d'un drame ici-bas.

Mais, à la surprise générale, il s'arrête avant de toucher terre, comme s'il manquait de poids, et il remonte d'un coup d'aile.

Il a vu que je le guette de ma porte, et que je cache, derrière moi, quelque chose de long et qui brille.

Le Martin-pêcheur

Ça n'a pas mordu, ce soir, mais je rapporte une rare émotion.

Comme je tenais ma perche de ligne tendue, un martin-pêcheur est venu s'y poser.

Nous n'avons pas d'oiseau plus éclatant.

Il semblait une grosse fleur bleue au bout d'une longue tige. La perche pliait sous le poids. Je ne respirais plus, tout fier d'être pris pour un arbre par un martin-pêcheur.

Et je suis sûr qu'il ne s'est pas envolé de peur, mais qu'il a cru qu'il ne faisait que passer d'une branche à une autre.

La Bergeronnette

Elle court autant qu'elle vole, et toujours dans nos jambes, familière, imprenable, elle nous défie, avec ses petits cris, de marcher sur sa queue.

Le Geai

Le sous-préfet aux champs.

Le Corbeau

I

L'accent grave sur le sillon.

II

« Quoi? quoi? quoi?
— Rien. »

III

Les corbeaux passent sous un ciel bleu et sans couture. Tout à coup l'un d'eux, qui est en tête, ralentit, et trace un grand cercle. Les autres tournent derrière lui. Ils semblent danser une ronde

par ennui de la route, et faire des grâces avec leurs
ailes tendues comme les plis d'une jupe.

                                    ... Un corbeau
Tout à l'heure annonçait malheur à quelque
                                          [oiseau.

J'ai pris mon fusil et tué le corbeau.
Il ne s'était pas trompé.

Les Perdrix

La perdrix et le laboureur vivent en paix, lui derrière sa charrue, elle dans la luzerne voisine, à la distance qu'il faut l'un de l'autre pour ne pas se gêner. La perdrix connaît la voix du laboureur, elle ne le redoute pas quand il crie ou qu'il jure.

Que la charrue grince, que le bœuf tousse et que l'âne se mette à braire, elle sait que ce n'est rien.

Et cette paix dure jusqu'à ce que je la trouble.

Mais j'arrive et la perdrix s'envole, le laboureur n'est pas tranquille, le bœuf non plus, l'âne non plus. Je tire, et au fracas d'un importun, toute la nature se désordonne.

Ces perdrix, je les lève d'abord dans une éteule, puis je les relève dans une luzerne, puis je les relève dans un pré, puis le long d'une haie ; puis à la corne d'un bois, puis...

Et tout à coup je m'arrête, en sueur, et je m'écrie :

« Ah ! les sauvages, me font-elles courir ! »

De loin, j'ai aperçu quelque chose au pied d'un arbre, au milieu du pré.

Je m'approche de la haie et je regarde par-dessus.

Il me semble qu'un col d'oiseau se dresse à l'ombre de l'arbre. Aussitôt mes battements de cœur s'accélèrent. Il ne peut y avoir dans cette herbe que des perdrix. Par un signal familier, la mère, en m'entendant, les a fait se coucher à plat. Elle-même s'est baissée. Son col seul reste droit et elle veille. Mais j'hésite, car le col ne remue pas et j'ai peur de me tromper, de tirer sur une racine.

Çà et là, autour de l'arbre, des taches, jaunes, perdrix ou motte de terre, achèvent de me troubler la vue.

Si je fais partir les perdrix, les branches de l'arbre m'empêcheront de tirer au vol, et j'aime mieux, en tirant par terre, commettre ce que les chasseurs sérieux appellent un assassinat.

Mais ce que je prends pour un col de perdrix ne remue toujours pas.

Longuement j'épie.

Si c'est bien une perdrix, elle est admirable d'immobilité et de vigilance, et toutes les autres, par leur façon de lui obéir, méritent cette gardienne. Pas une ne bouge.

Je fais une feinte. Je me cache tout entier derrière la haie et je cesse d'observer, car tant que je vois la perdrix, elle me voit.

Maintenant nous sommes tous invisibles, dans un silence de mort.

Puis, de nouveau, je regarde.

Oh! cette fois, je suis sûr! La perdrix a cru à ma disparition. Le col s'est haussé et le mouvement qu'elle fait pour le raccourcir la dénonce.

J'applique lentement à mon épaule ma crosse de fusil...

Le soir, las et repu, avant de m'endormir d'un sommeil giboyeux, je pense aux perdrix que j'ai chassées tout le jour, et j'imagine la nuit qu'elles passent.

Elles sont affolées.

Pourquoi en manque-t-il à l'appel?

Pourquoi en est-il qui souffrent et qui, becquetant leurs blessures, ne peuvent tenir en place?

Et pourquoi s'est-on mis à leur faire peur à toutes?

À peine se posent-elles maintenant, que celle qui guette sonne l'alarme. Il faut repartir, quitter l'herbe ou l'éteule.

Elles ne font que se sauver, et elles s'effraient même des bruits dont elles avaient l'habitude.

Elles ne s'ébattent plus, ne mangent plus, ne dorment plus.

Elles n'y comprennent rien.

Si la plume qui tombe d'une perdrix blessée venait se piquer d'elle-même à mon chapeau de fier chasseur, je ne trouverais pas que c'est exagéré.

Dès qu'il pleut trop ou qu'il fait trop sec, que mon chien ne sent plus, que je tire mal et que les perdrix deviennent inabordables, je me crois en état de légitime défense.

Il y a des oiseaux, la pie, le geai, le merle, la grive, avec lesquels un chasseur qui se respecte ne se bat pas, et je me respecte.

Je n'aime me battre qu'avec les perdrix !

Elles sont si rusées !

Leurs ruses, c'est de partir de loin, mais on les rattrape et on les corrige.

C'est d'attendre que le chasseur ait passé, mais derrière lui elles s'envolent trop tôt et il se retourne.

C'est de se cacher dans une luzerne profonde, mais il y va tout droit.

C'est de faire un crochet au vol, mais ainsi elles se rapprochent.

C'est de courir au lieu de voler, et elles courent plus vite que l'homme, mais il y a le chien.

C'est de s'appeler quand on les divise, mais elles appellent aussi le chasseur et rien ne lui est plus agréable que leur chant.

Déjà ce couple de jeunes commençait de vivre à part. Je les surpris, le soir, au bord d'un labouré. Elles s'envolèrent si étroitement jointes, aile dessus, aile dessous je peux dire, que le coup de fusil qui tua l'une démonta l'autre.

L'une ne vit rien et ne sentit rien, mais l'autre eut le temps de voir sa compagne morte et de se sentir mourir près d'elle.

Toutes deux, au même endroit de la terre, elles

ont laissé un peu d'amour, un peu de sang et quelques plumes.

Chasseur, d'un coup de fusil tu as fait deux beaux coups : va les conter à ta famille.

Ces deux vieilles de l'année dernière, dont la couvée avait été détruite, ne s'aimaient pas moins que des jeunes. Je les voyais toujours ensemble. Elles étaient habiles à m'éviter et je ne m'acharnais pas à leur poursuite. C'est par hasard que j'en ai tué une. Et puis j'ai cherché l'autre, pour la tuer, elle aussi, par pitié !

Celle-ci a une patte cassée qui pend, comme si je la retenais par un fil.

Celle-là suit d'abord les autres jusqu'à ce que ses ailes la trahissent ; elle s'abat, et elle piète ; elle court tant qu'elle peut, devant le chien, légère et à demi hors des sillons.

Celle-ci a reçu un grain de plomb dans la tête. Elle se détache des autres. Elle pointe en l'air, étourdie, elle monte plus haut que les arbres, plus haut qu'un coq de clocher, vers le soleil. Et le chasseur, plein d'angoisse, la perd de vue, quand elle cède enfin au poids de sa tête lourde. Elle ferme ses ailes, et va piquer du bec le sol, là-bas, comme une flèche.

Celle-là tombe, sans faire ouf ! comme un chiffon qu'on jette au nez du chien pour le dresser.

Celle-là, au coup de feu, oscille comme une petite barque et chavire.

On ne sait pas pourquoi celle-ci est morte, tant la blessure est secrète sous les plumes.

Je fourre vite celle-là dans ma poche, comme si j'avais peur d'être vu, de me voir.

Mais il faut que j'étrangle celle qui ne veut pas mourir. Entre mes doigts, elle griffe l'air, elle ouvre le bec, sa fine langue palpite, et sur les yeux, dit Homère, descend l'ombre de la mort.

Là-bas, le paysan lève la tête à mon coup de feu et me regarde.

C'est un juge, cet homme de travail ; il va me parler ; il va me faire honte d'une voix grave.

Mais non : tantôt c'est un paysan jaloux qui bisque de ne pas chasser comme moi, tantôt c'est un brave paysan que j'amuse et qui m'indique où sont allées mes perdrix.

Jamais ce n'est l'interprète indigné de la nature.

Je rentre ce matin, après cinq heures de marche, la carnassière vide, la tête basse et le fusil lourd. Il fait une chaleur d'orage et mon chien, éreinté, va devant moi, à petits pas, suit les haies, et fréquemment, s'assied à l'ombre d'un arbre où il m'attend.

Soudain, comme je traverse une luzerne fraîche, il tombe ou plutôt il s'aplatit en arrêt : c'est un arrêt ferme, une immobilité de végétal. Seuls les poils du bout de sa queue tremblent. Il y a, je le jurerais, des perdrix sous son nez. Elles sont là, collées les unes aux autres, à l'abri du vent et du soleil. Elles voient le chien, elles me voient, elles me reconnaissent peut-être, et, terrifiées, elles ne partent pas.

Réveillé de ma torpeur, je suis prêt et j'attends.

Mon chien et moi, nous ne bougerons pas les premiers.

Brusquement et simultanément, les perdrix partent : toujours collées, elles ne font qu'une, et je flanque dans le tas mon coup de fusil comme un coup de poing. L'une d'elles, assommée, pirouette. Le chien saute dessus et me rapporte une loque sanglante, une moitié de perdrix. Le coup de poing a emporté le reste.

Allons ! nous ne sommes pas bredouille ! Le chien gambade et je me dandine d'orgueil.

Ah ! je mériterais un bon coup de fusil dans les fesses !

La Bécasse

I

Il ne restait, d'un soleil d'avril, que des lueurs roses aux nuages qui ne bougeaient plus, comme arrivés.

La nuit montait du sol et nous vêtait peu à peu, dans la clairière étroite où mon père attendait les bécasses.

Debout près de lui, je ne distinguais nettement que sa figure. Plus grand que moi, il me voyait à peine, et le chien soufflait, invisible à nos pieds.

Les grives se dépêchaient de rentrer au bois où le merle jetait son cri guttural, cette espèce de hennissement qui est un ordre à tous les oiseaux de se taire et de dormir.

La bécasse allait bientôt quitter ses retraites de feuilles mortes et s'élever. Quand il fait doux, comme ce soir-là, elle s'attarde, avant de gagner la plaine. Elle tourne sur le bois et se cherche une compagne. On devine, à son appel léger, qu'elle s'approche ou s'éloigne. Elle passe d'un vol lourd entre les gros chênes et son long bec pend si bas qu'elle semble se promener en l'air avec une petite canne.

Comme j'écoutais et regardais en tous sens, mon père brusquement fit feu, mais il ne suivit pas le chien qui s'élançait.

« Tu l'as manquée ? lui dis-je.

— Je n'ai pas tiré, dit-il. Mon fusil vient de partir de mes mains.

— Tout seul ?

— Oui.

— Ah !... une branche peut-être ?

— Je ne sais pas. »

Je l'entendais ôter sa cartouche vide.

« Comment le tenais-tu ? »

N'avait-il pas compris ?

« Je te demande de quel côté était le canon ? »

Comme il ne répondait plus, je n'osais plus parler. Enfin je lui dis :

« Tu aurais pu tuer... le chien.

— Allons-nous-en », dit mon père.

Ce soir, il fait un temps doux après une pluie fine. On part vers cinq heures, on gagne le bois et on marche sur les feuilles jusqu'au coucher du soleil.

Le chien multiplie dans le taillis ses lieues de chien. Sentira-t-il des bécasses ?

Peu importe au chasseur, s'il est poète.

Le quart d'heure de la croule venu, on se place toujours trop tôt, au pied d'un arbre, au bord d'une clairière. Les vols rapides des grives et des merles frôlent le cœur. Le canon du fusil bouge d'impatience. À chaque bruit, une émotion ! L'oreille tinte et l'œil se voile, et le moment passe si vite... que c'est déjà trop tard.

Les bécasses ne se lèveront plus ce soir.

Tu ne peux pas coucher là, poète !

Reviens ; prends la traverse, à cause de la nuit, par les prés humides, où tes souliers écrasent les petites huttes molles des taupes ; rentre chez toi, au chaud, à la lumière, sans remords, puisque tu es sans bécasse, — à moins que tu n'en aies laissé une à la maison !

Nouvelle lune

L'ongle de la lune repousse.

Le soleil a disparu. On se retourne : la lune est là. Elle suivait, sans rien dire, modeste et patiente imitatrice.

La lune exacte est revenue. L'homme attendait, le cœur comprimé dans les ténèbres, si heureux de la voir qu'il ne sait plus ce qu'il voulait lui dire.

De gros nuages blancs s'approchent de la pleine lune comme des ours d'un gâteau de miel.

Le rêveur s'épuise à regarder la lune sans aiguilles et qui ne marque rien, jamais rien.

On se sent tout à coup mal à l'aise. C'est la lune qui s'éloigne et emporte nos secrets. On voit encore à l'horizon le bout de son oreille.

Une famille d'arbres

C'est après avoir traversé une plaine brûlée de soleil que je les rencontre.

Ils ne demeurent pas au bord de la route, à cause du bruit. Ils habitent les champs incultes, sur une source connue des oiseaux seuls.

De loin, ils semblent impénétrables. Dès que j'approche, leurs troncs se desserrent. Ils m'accueillent avec prudence. Je peux me reposer, me rafraîchir, mais je devine qu'ils m'observent et se défient.

Ils vivent en famille, les plus âgés au milieu et les petits, ceux dont les premières feuilles viennent de naître, un peu partout, sans jamais s'écarter.

Ils mettent longtemps à mourir, et ils gardent les morts debout jusqu'à la chute en poussière.

Ils se flattent de leurs longues branches, pour s'assurer qu'ils sont tous là, comme les aveugles. Ils gesticulent de colère si le vent s'essouffle à les déraciner. Mais entre eux aucune dispute. Ils ne murmurent que d'accord.

Je sens qu'ils doivent être ma vraie famille. J'oublierai vite l'autre. Ces arbres m'adopteront peu à peu, et pour le mériter j'apprends ce qu'il faut savoir :

Je sais déjà regarder les nuages qui passent.

Je sais aussi rester en place.

Et je sais presque me taire.

Fermeture de la chasse

C'est une pauvre journée, grise et courte, comme rognée à ses deux bouts.

Vers midi, le soleil maussade essaie de percer la brume et entrouvre un œil pâle tout de suite refermé.

Je marche au hasard. Mon fusil m'est inutile, et le chien, si fou d'ordinaire, ne s'écarte pas.

L'eau de la rivière est d'une transparence qui fait mal : si on y plongeait les doigts, elle couperait comme une vitre cassée.

Dans l'éteule, à chacun de mes pas jaillit une alouette engourdie. Elles se réunissent, tourbillonnent et leur vol trouble à peine l'air gelé.

Là-bas, des congrégations de corbeaux déterrent du bec des semences d'automne.

Trois perdrix se dressent au milieu d'un pré dont l'herbe rase ne les abrite plus.

Comme les voilà grandies ! Ce sont de vraies dames maintenant. Elles écoutent, inquiètes. Je les ai bien vues, mais je les laisse tranquilles et m'éloigne. Et quelque part, sans doute, un lièvre qui tremblait se rassure et remet son nez au bord du gîte.

Tout le long de cette haie (çà et là une dernière feuille bat de l'aile comme un oiseau dont la patte est prise), un merle fuit à mon approche, va se cacher plus loin, puis ressort sous le nez du chien et, sans risque, se moque de nous.

Peu à peu, la brume s'épaissit. Je me croirais perdu. Mon fusil n'est plus, dans mes mains, qu'un bâton qui peut éclater. D'où partent ce bruit vague, ce bêlement, ce son de cloche, ce cri humain?

Il faut rentrer. Par une route déjà effacée, je retourne au village. Lui seul connaît son nom. D'humbles paysans l'habitent, que personne ne vient jamais voir, excepté moi.

Table

Composition réalisée par COMPOFAC - PARIS

IMPRIMÉ EN FRANCE PAR BRODARD ET TAUPIN
Usine de La Flèche, 72200.
Dépôt légal Imp : 4715 B-5 – Edit : 3683.
32-10-0795-04-8 – ISBN : 2-01-018946-9.
Loi n° 49-956 du 16 juillet 1949 sur les publications destinées à la jeunesse.
Dépôt : septembre 1994.

P
--
366